Bares y clubs

Bares y clubs

monsa

EDITOR: FELISA MINGUET

DIRECTOR: JOSEP Mª MINGUET

DIRECCIÓN DE ARTE MONSA: LOUIS BOU

DIRECTOR COMERCIAL: IÑIGO LEGORBURU

REALIZACIÓN: EQUIPO LOFT PUBLICATIONS

EDITORA LOFT: CINTA MARTÍ

DISEÑO: JONATHAN ROURA, ANNA SOLER

CORRECCIÓN Y EDICIÓN: ALESSANDRO ORSI

©INSTITUTO MONSA DE EDICIONES, S.A
C/GRAVINA 43 (08930)
SANT ADRIÀ DE BESÒS
BARCELONA
TLF. 93 381 00 50
FAX.93 381 00 93
www.monsa.com
monsa@monsa.com

ISBN: 84-96429-12-1

D.L: B-18.626-05

IMPRIME: I. GRÁFICAS MÁRMOL, S.L. ESPAÑA

Ver y oír

Luces y sombras, voz y silencio

Tocar

Naturaleza, cuerpo y escultura

Oler y degustar

Perfumes y sabores

Escenografías de los sentidos

Introducción

No podemos definir un único espacio; de hecho, no podemos definir espacio. Los sentidos se conjugan como los cinco actos de un drama o de una comedia, en un escenario donde nosotros somos los protagonistas: observadores y observados. Un escenario que nace de un contexto intercultural y pluridisciplinar, que fusiona estilos, materias y actividades, y que prepara todas las escenografías posibles a partir de una armonía compuesta por los sentidos.

Como la representación de una ópera, nacida de la combinación de música y teatro, donde la iluminación, el sonido, la interpretación gestual y el decorado han de alcanzar un equilibrio en el que ningún aspecto predomine sobre el otro, así se organizan clubs y bares, matizados por nomenclaturas tan dispares y cosmopolitas como las de café, chill out o lounge.

La música, con sus notas y silencios, se pronuncia, en el interior de estos refugios para el descanso y el desenfreno, con la naturalidad y la delicadeza de los susurros, que percibimos sin que nos molesten. Su ejecución se complementa con la voz, a la que se reservan lugares íntimos donde pueda hablar o tan sólo callar. Los latidos predominantes del club los compone un sonido casi imperceptible, un sonido ambiental que Brian Eno calificó a principios de los setenta de interesante y, a la vez, fácilmente ignorable, y que Eric Satie ya había definido anteriormente como mobiliario: notas de fondo para llenar una habitación vacía. Este sonido respeta la presencia del silencio, la presencia de la voz, la necesidad de comunicarse de las personas con una vieja conver-

sación congénita a esos lugares de socialización que siempre han sido los bares.

Escuchar, oír, hablar, tocar, ver y ser vistos, olfatear e incluso saborear. El placer de la comida también penetra en los clubs, en un principio esencialmente asociados al deseo de la bebida, origen ya lejano de prohibiciones y subterráneos clandestinos. El alcohol queda relegado a un segundo término y la comida, donde suele fusionarse Oriente y Occidente, ocupa un lugar privilegiado que despierta un interés creciente.

Aparece un oasis en un mundo del que se han apoderado el estrés y la incomunicación, un espejismo de las relaciones humanas, vinculadas a la comida, a la conversación, al juego o al baile. Se abren las puertas de clubs y bares, entre la oscuridad y la claridad, la noche y el día, las entrañas y el mundo exterior, y se despliega un ambiente que, persiguiendo la confortabilidad, suele adoptar la apariencia de casas y mansiones donde se recogen todas las circunstancias posibles que comprendan al mayor número de personas posible. Aquí los antagonismos y las contradicciones alcanzan un equilibrio que escapa de todo sentido y significación: la vida, con nuestras actuaciones condicionadas por los objetos que nos rodean y la mirada permanente de los demás; la fugacidad, la magia y la espontaneidad del teatro, el espacio etéreo e infinito construido por una voz que acaricia un pianísimo, suavemente, sin que se perciba el respirar.

Ver y oír

Luces y sombras, voz y silencio

Sound-Bar

Diseño: SLICK DESIGN & MANUFACTURING
Fotógrafo: © Michael Dreas
Localización: Chicago, Estados Unidos

Elementos repetitivos, que desfilan
con precisión y constancia, particulari-
zan este espacio, siguiendo el delicado ritmo de un hilo musical que atrae
sin llamar nuestra atención.

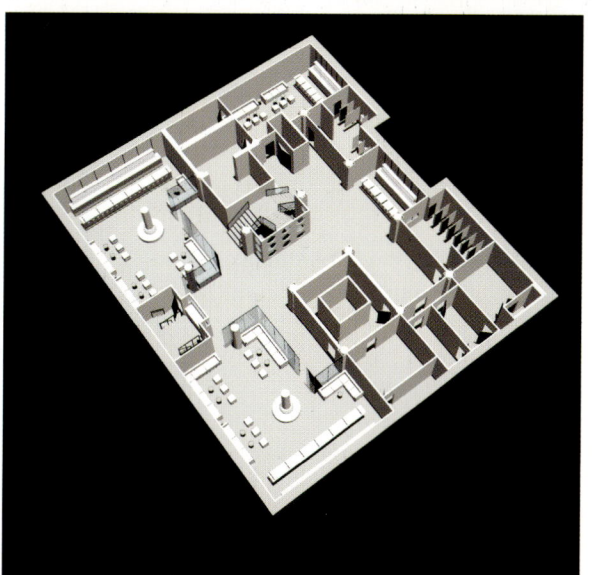
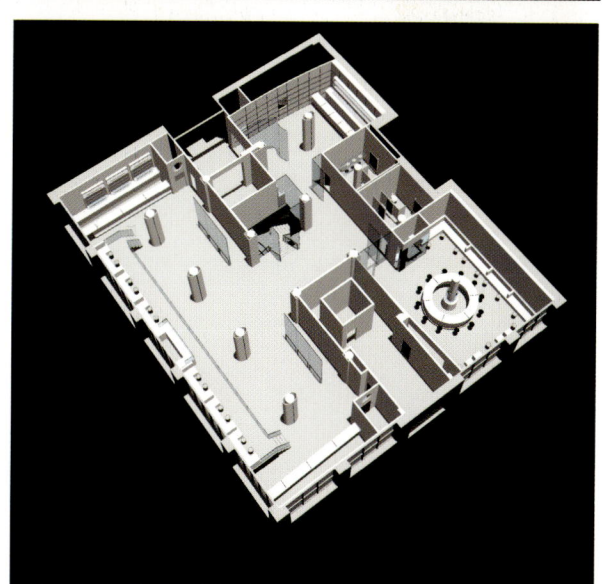

Universal

Diseño: RICARDAS VYSNIAUSKAS
Fotógrafo: © Modestas Ezerskis/© Narimantas Serksnys
Localización: Kaliningrado, Rusia

Las huellas del neoclasicismo y del imperio de los zares se entrecruzan con signos de los medios de comunicación de masa, como el cine o la televisión, en una escenografía que recuerda a algún mítico cabaré.

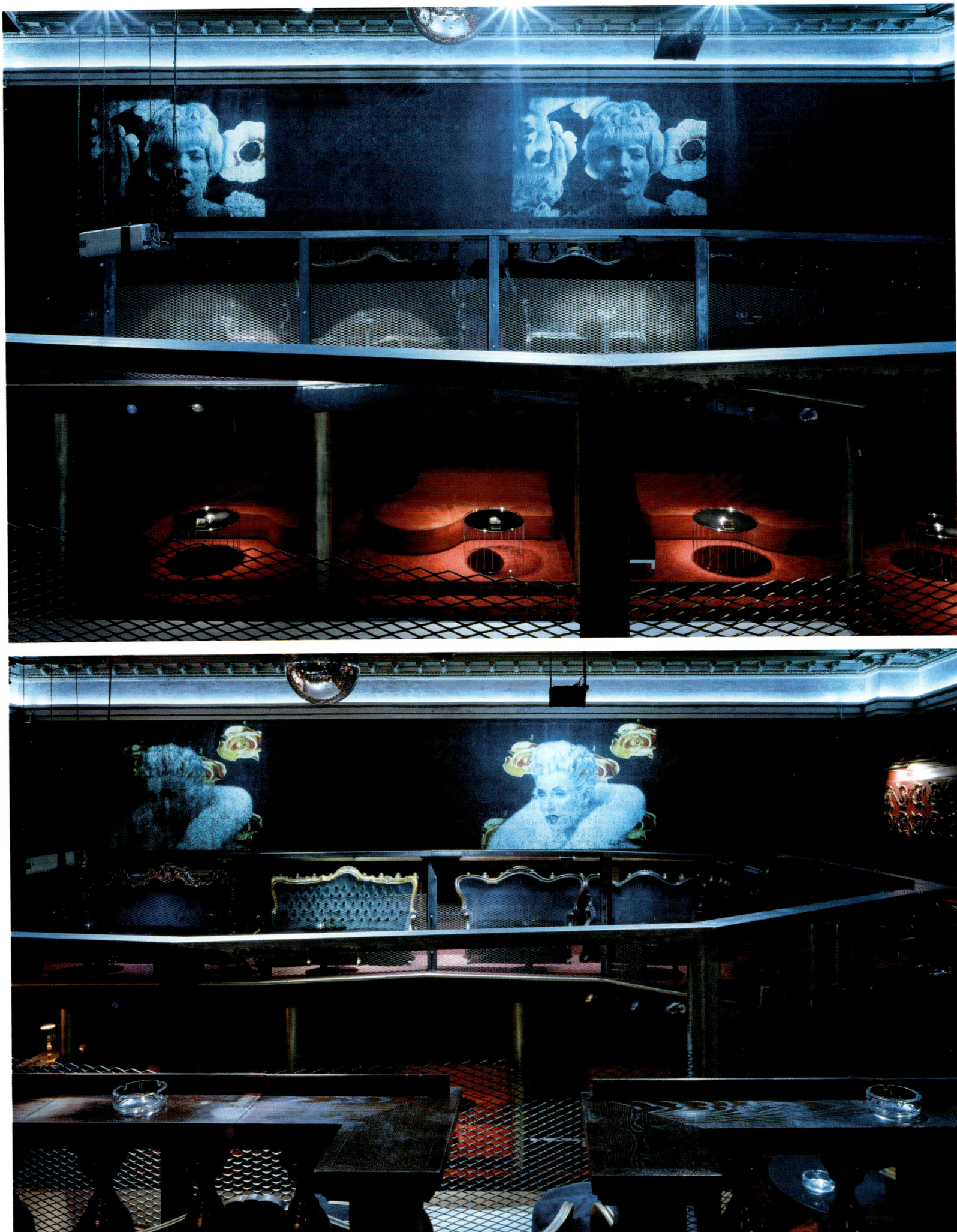

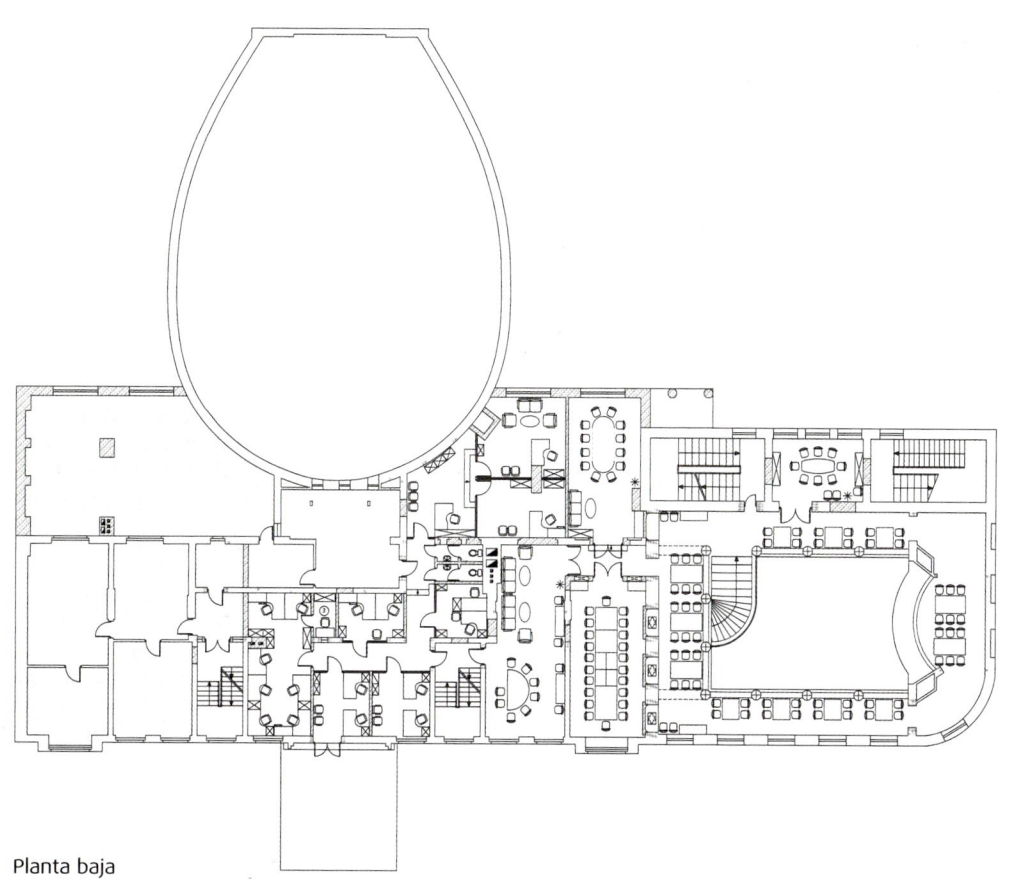

Planta baja

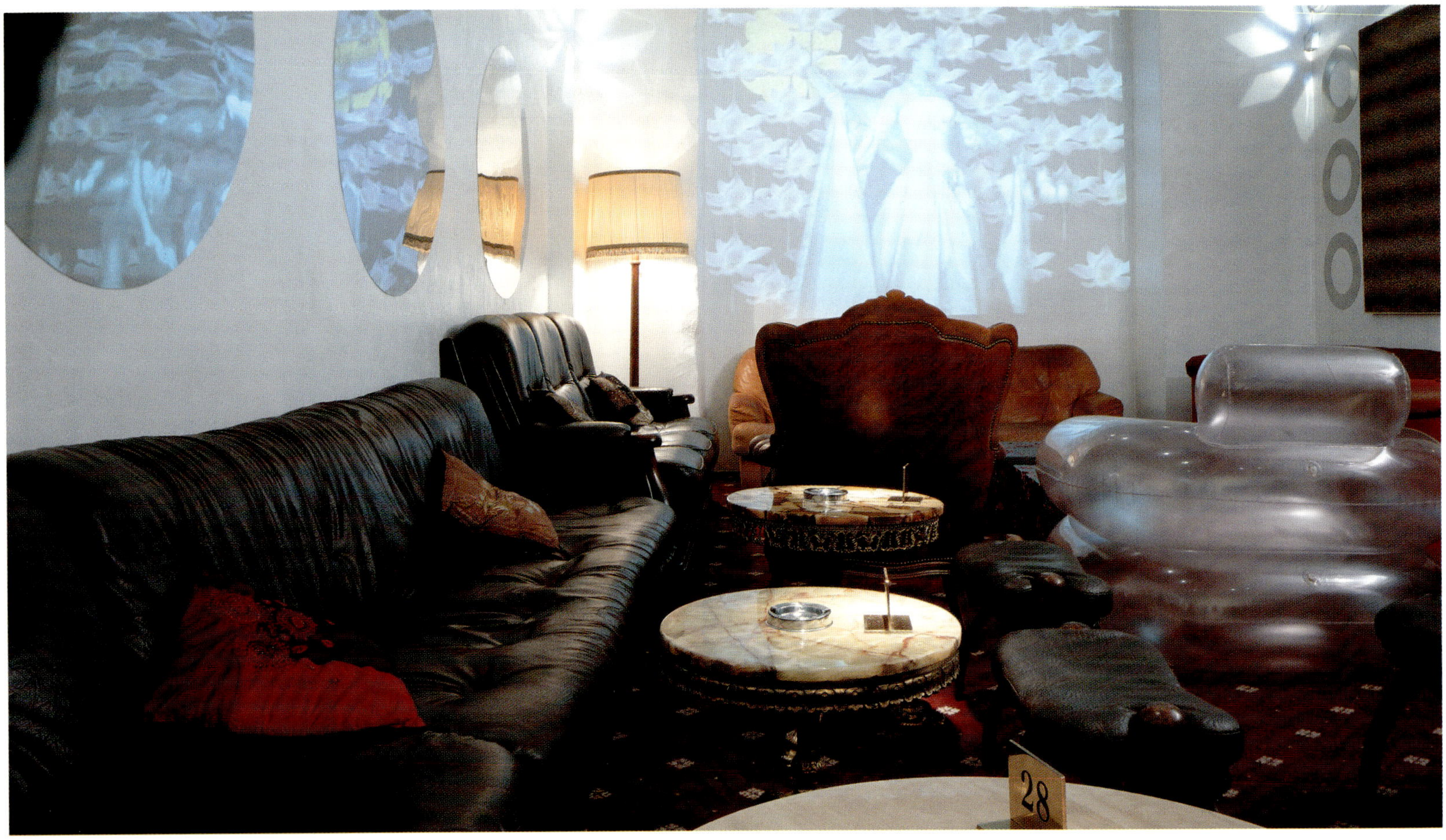
28

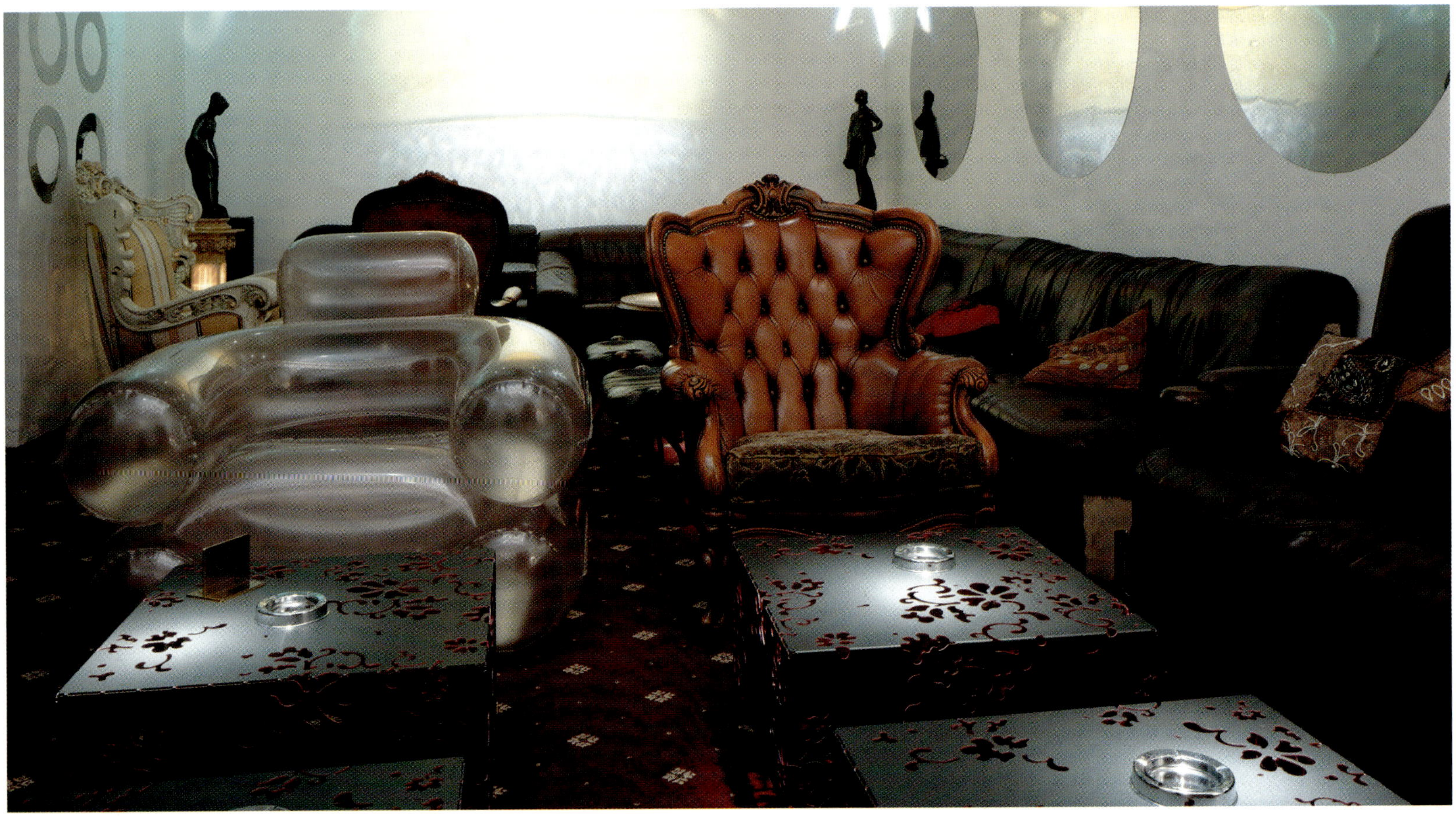

Teatro

Diseño: TIHANY DESIGN
Fotógrafo: © Andrea Martiradonna
Localización: Las Vegas, Estados Unidos

El visitante entra en un espectáculo nocturno en que pasa a formar parte de una escenografía que guarda la pócima mágica que embrujó a Isolda y los puntos suspensivos de su actuación.

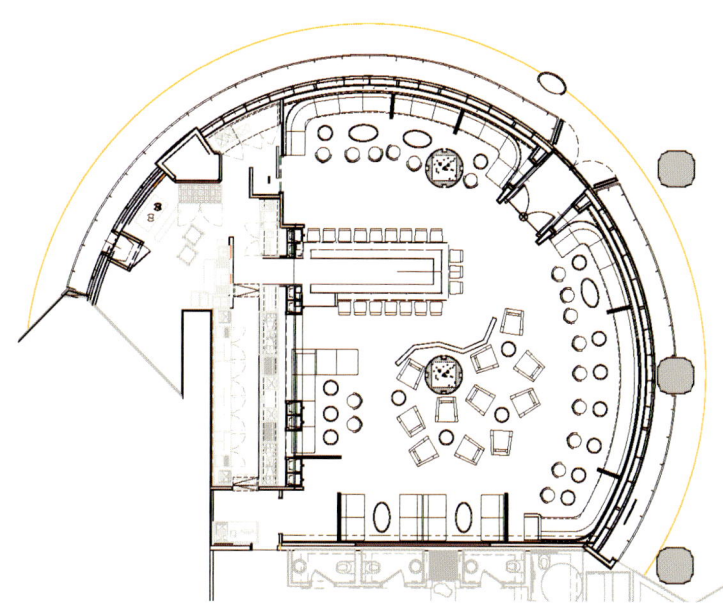

Planta

Universale

Diseño: STEFANO PIROVANO
Fotógrafo: © Yael Pincus
Localización: Florencia, Italia

Meticulosamente envasada en el interior del club, como la reliquia de un perfume que ha sobrevivido al paso del tiempo, se guarda la esencia teatral que daba vida a este edificio histórico.

CDLC Barcelona

Diseño: JAIME ROMANO/CDLC BARCELONA
Fotógrafo: © Bruno Amaral
Localización: Barcelona, España

El horizonte trazado por las platafor-
mas, las camas y los cojines esparcidos a ras del suelo conducen las accio-
nes de cada personaje, en un clímax
que une la pasividad y el desenfreno.

On Stage

Diseño: ROMBAUT & TOEBINTE
Fotógrafo: © Guy Obijn
Localización: Anversa, Bélgica

Un escenario donde los clientes son los actores o los cantantes que presentan su actuación improvisada, relajada, expuesta a la mirada de los otros y con los ojos puestos en los demás.

Grey Lounge

Diseño: MARCO SAVORELLI
Fotógrafo: © Matteo Piazza
Localización: Brescia, Italia

Un lujo discreto y elegante viste el traje de largo blanco, iluminado por tenues destellos de diamantes, de este lounge que recluye la intimidad entre el secretismo de unas cortinas privadas.

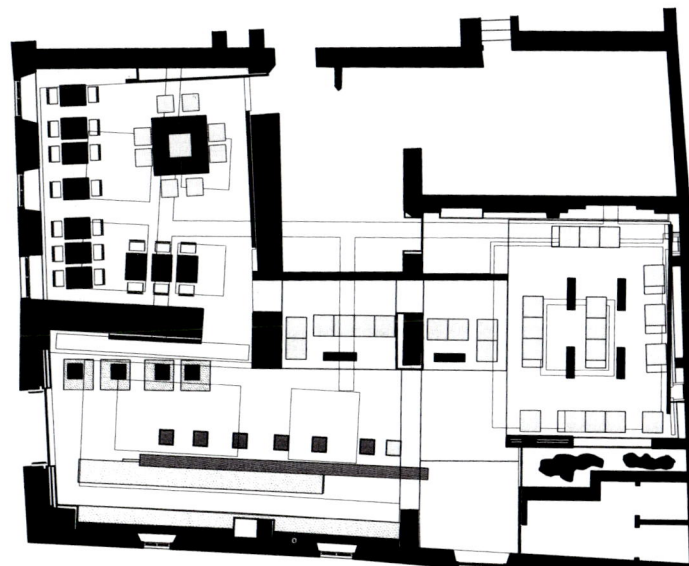

Planta baja

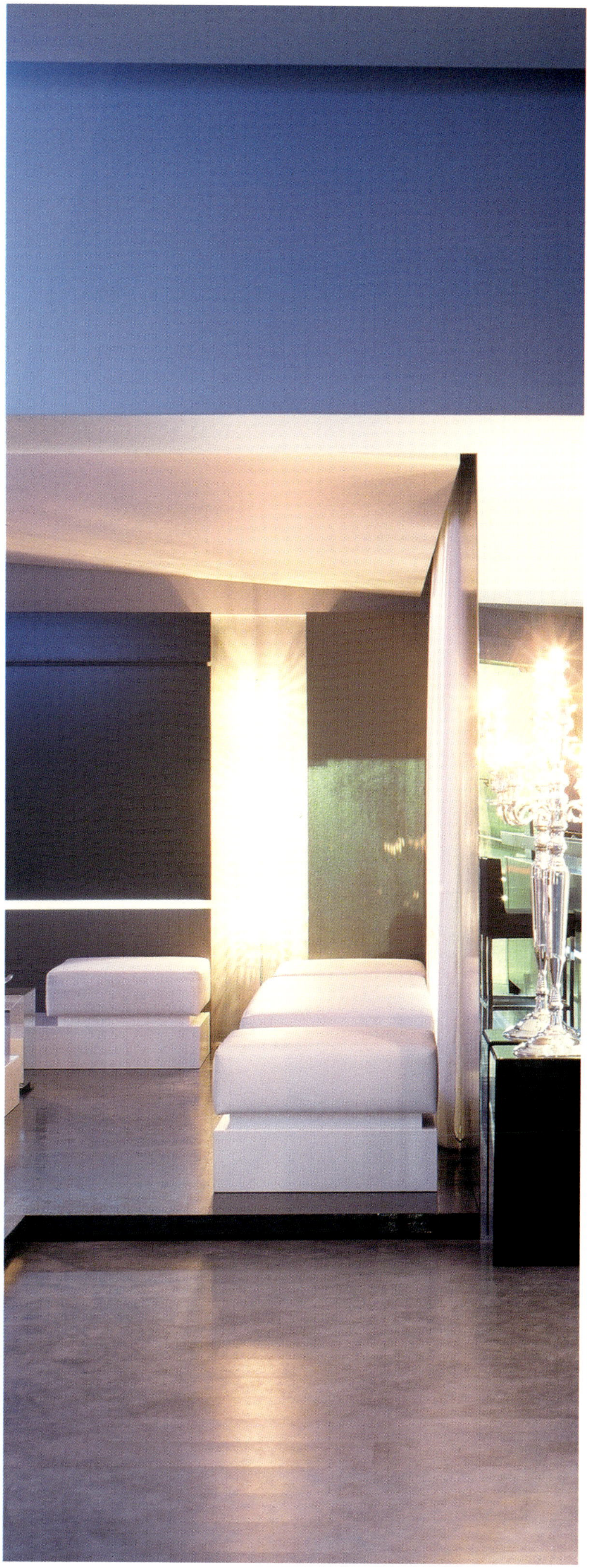

Celux

Diseño: STUDIO POWER-TIM POWER/ERIC CARLSON/CELUX STAFF
Fotógrafo: © Daici Ano
Localización: Tokio, Japón

Este preciado rincón es uno de los descubrimientos que esconde la tienda Louis Vuitton de Japón, entre la exquisitez de la palabra francesa "c'est lux" y una iconografía popular.

Planta octava

Planta sexta

Spoonful

Diseño: SUSANA ALCÓN
Fotógrafo: © Roger Casas
Localización: Castellón, España

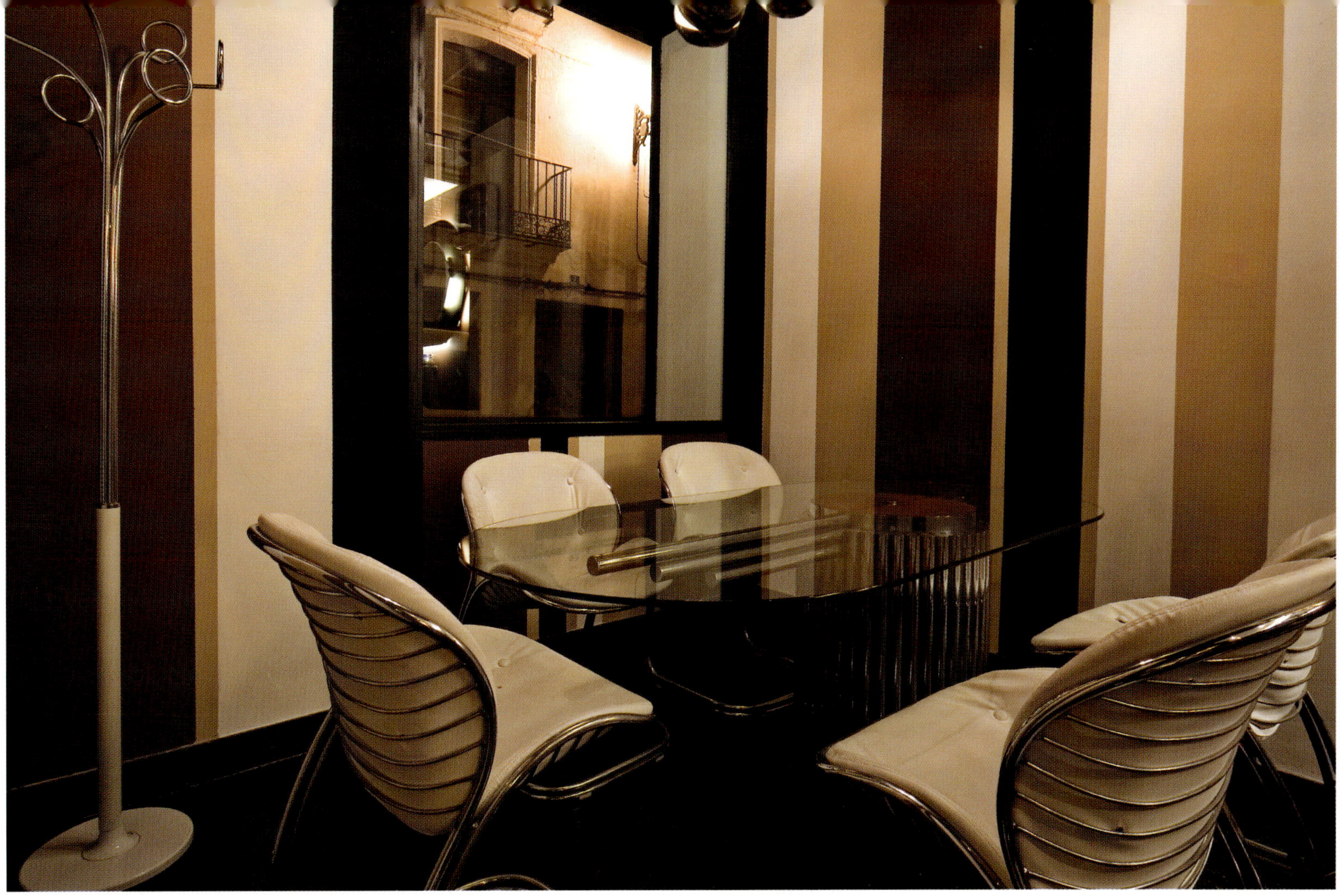

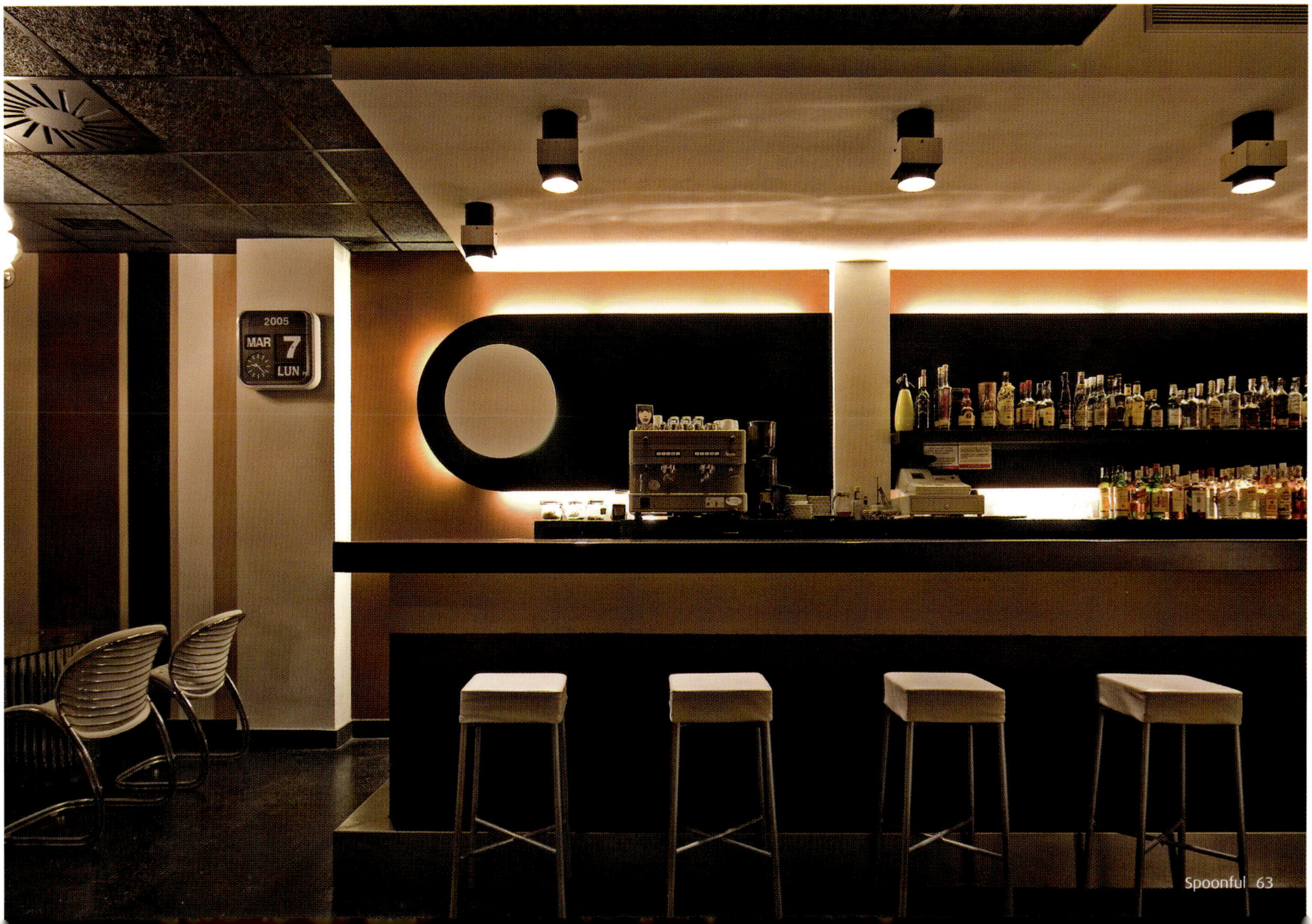
2005
MAR 7
LUN

La música soul y un diseño que atrapa
los años 60 y 70 rescatando objetos
de esa época, focalizan este café-club,
que une el relax de la tarde con los
primeros movimientos de la noche.

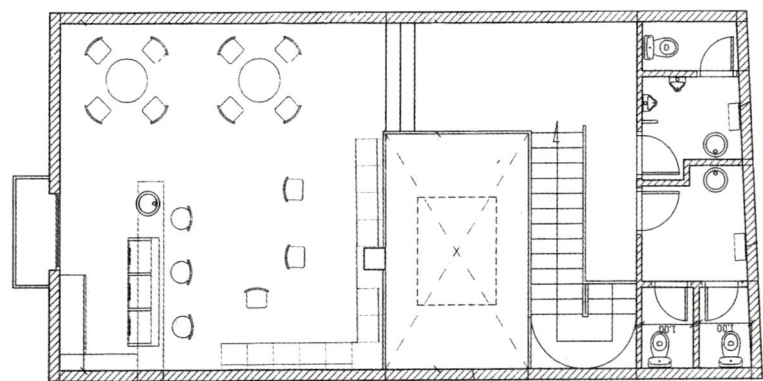

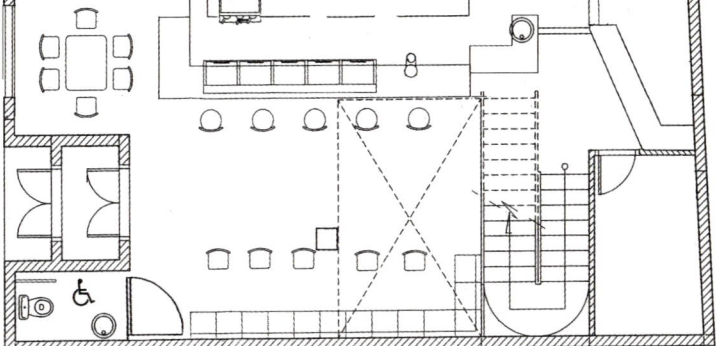

Primer piso

Planta baja

Babushka

Diseño: LIEF DESIGN
Fotógrafo: © Martin Vicker
Localización: Nottingham, Reino Unido

Se respira el confort y el intimismo del interior doméstico, entre paredes de papel pintado y lámparas envueltas en cilindros transparentes que las hacen exquisitas.

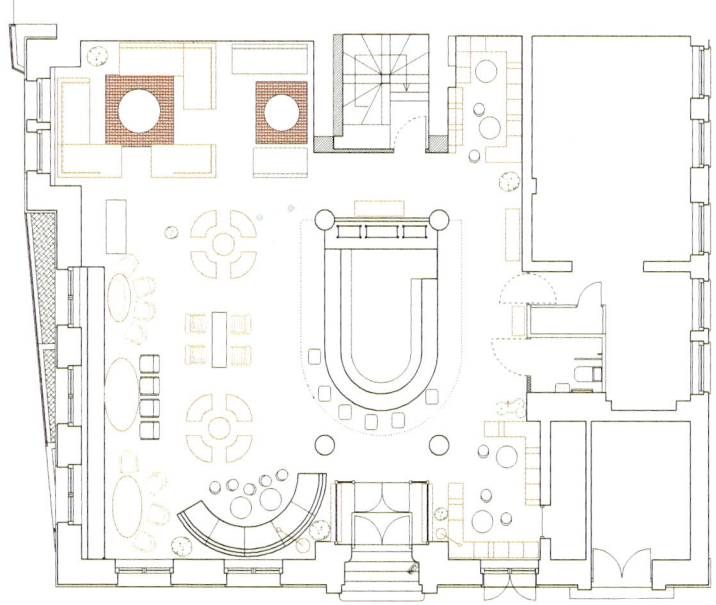

Planta baja

Mansión

Diseño: FRANÇOIS FROSSARD DESIGN
Fotógrafo: © Simon Hare
Localización: Miami, Estados Unidos

Mansión

El histórico French Casino, fundado en 1936, permanece como recuerdo valioso conservado en urnas, que guardan la reliquia de un pasado esplendoroso congelado en el presente.

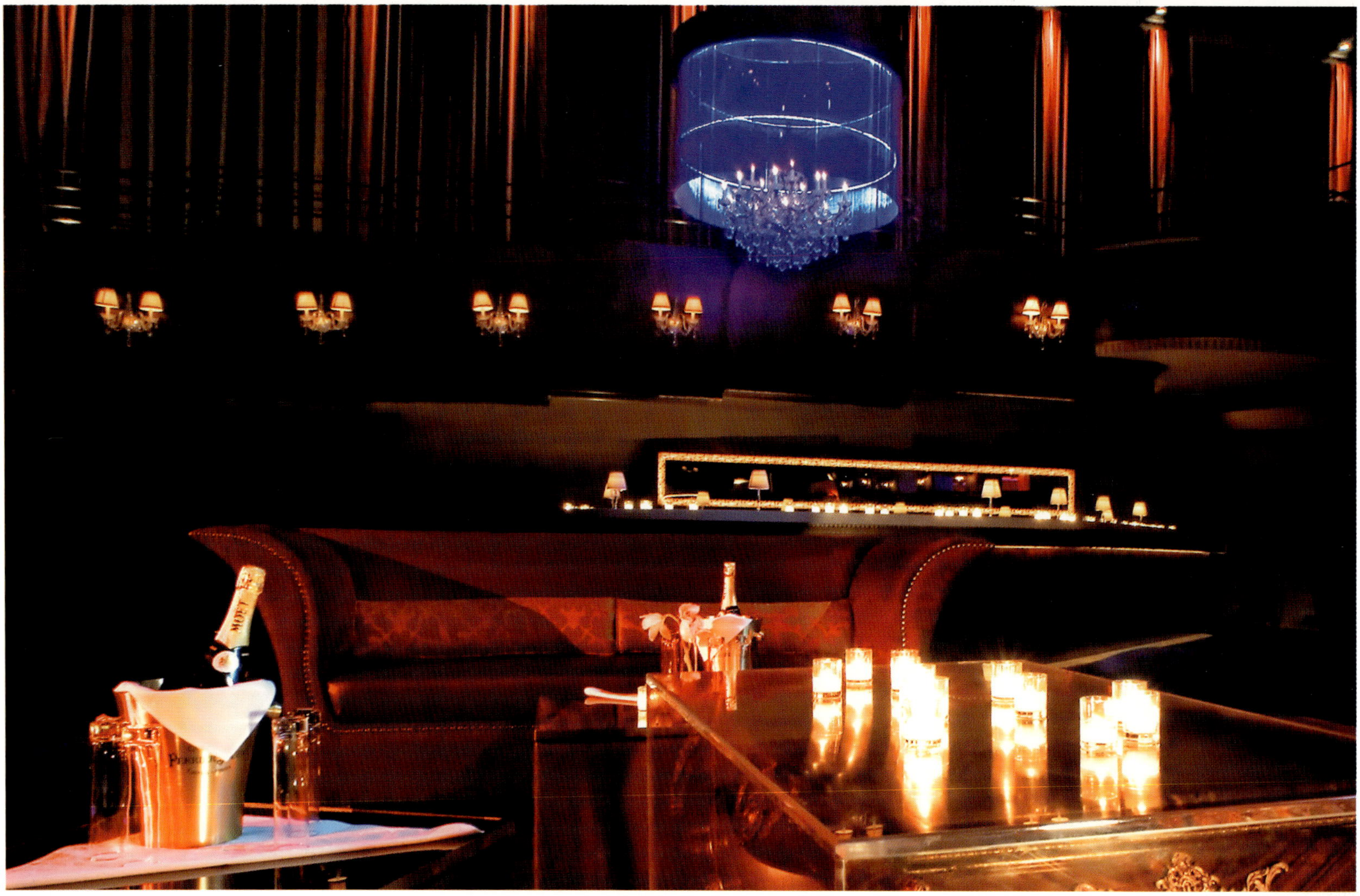

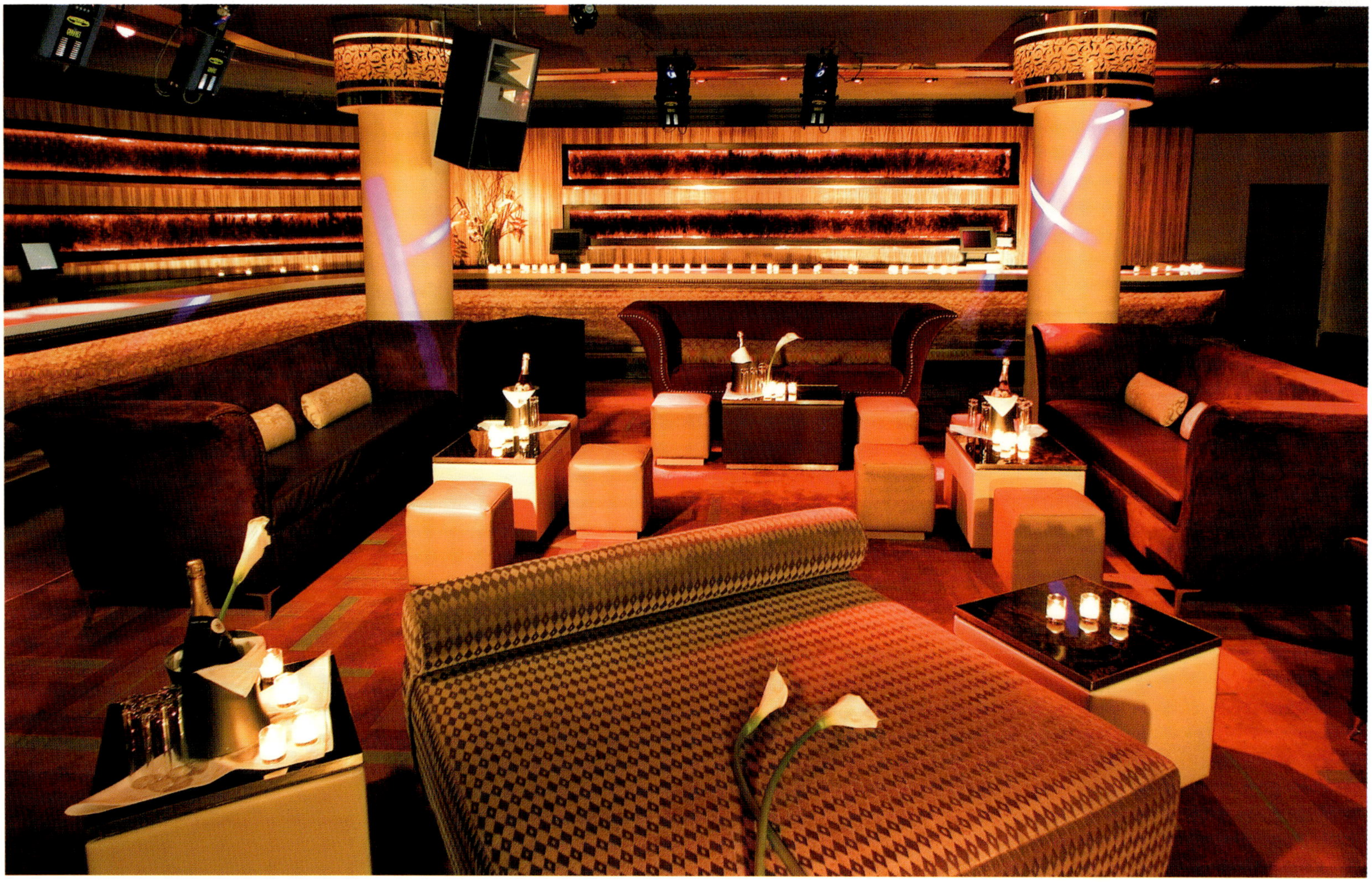

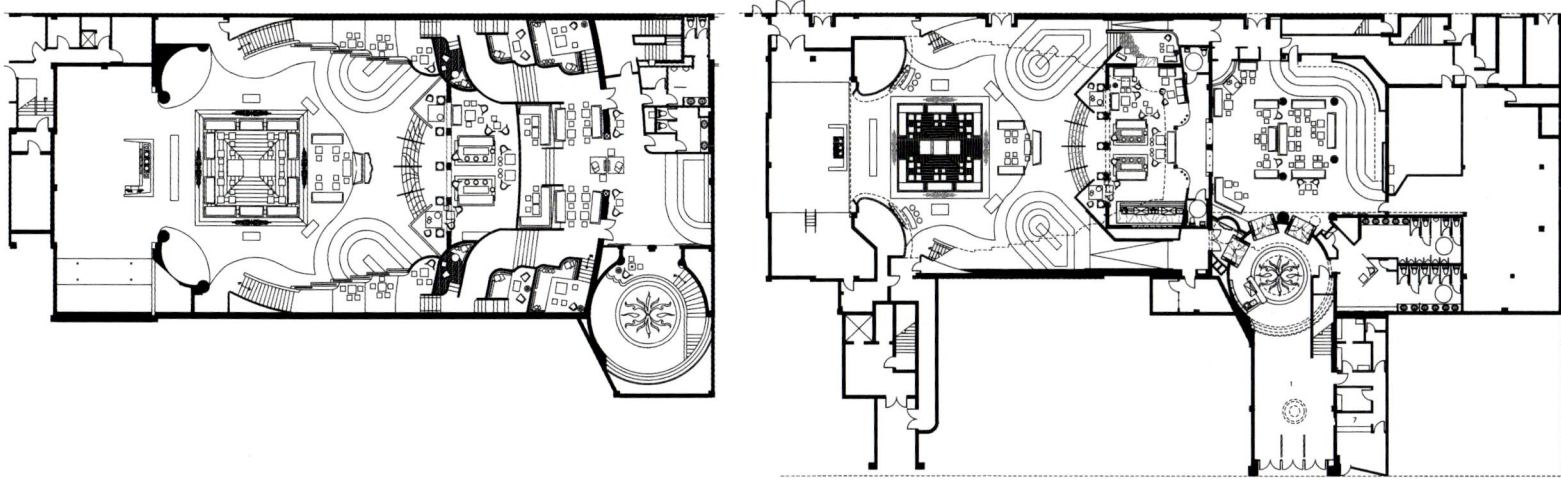

Nivel superior

Nivel inferior

Avalon

Diseño: FANTASTIC DESIGN WORKS
Fotógrafo: © Masaya Yoshimura
Localización: Tokio, Japón

La superficie transparente se reencarna en reflejos y destellos infinitos de luz al entrar en contacto con la iluminación del local y la presencia del entorno.

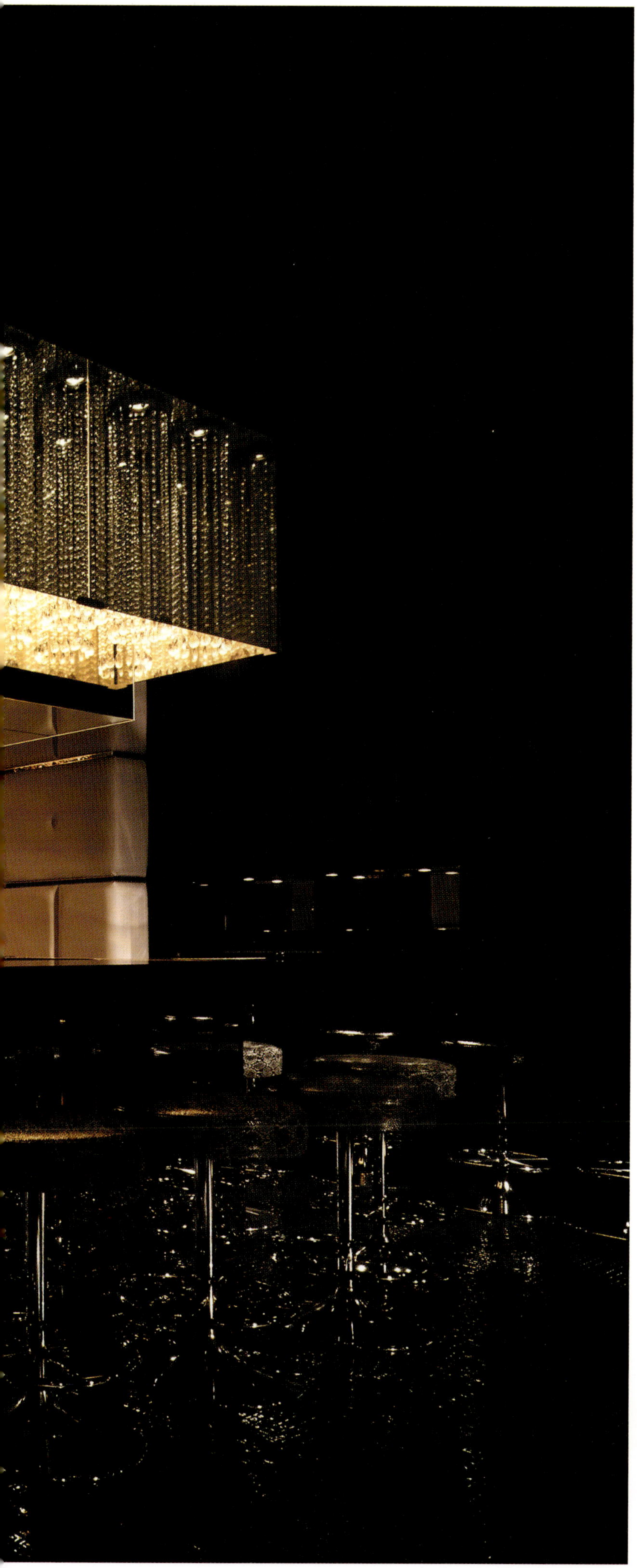

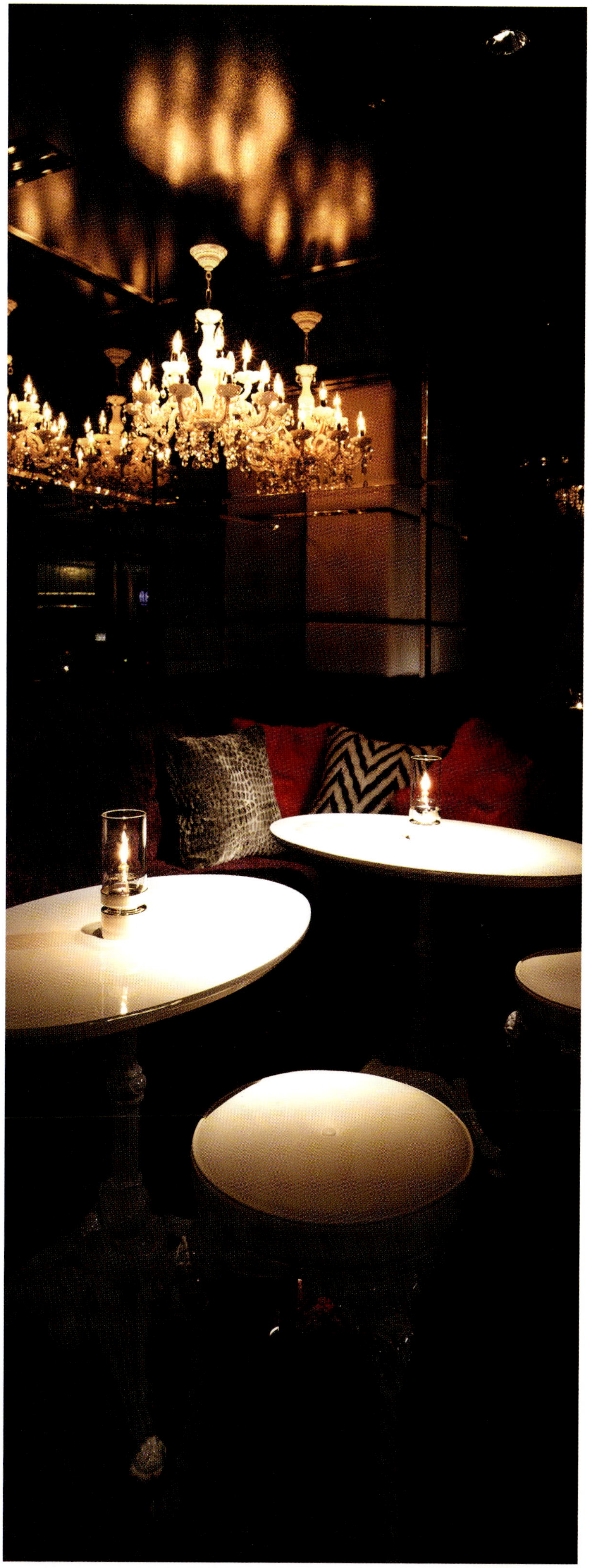

Loungelover

Diseño: HASSAN ABDULLAH/STEFAN KARLSON/MICHEL LASSERRE
Fotógrafo: © James Winspear/View
Localización: Londres, Reino Unido

Lejos del tiempo y del espacio, el visitante detiene su mirada y permanece, cubiertos de polvo de azúcar y destellos de joyas falsas, en un paraíso de cuento de hadas, entre sueños adormecidos.

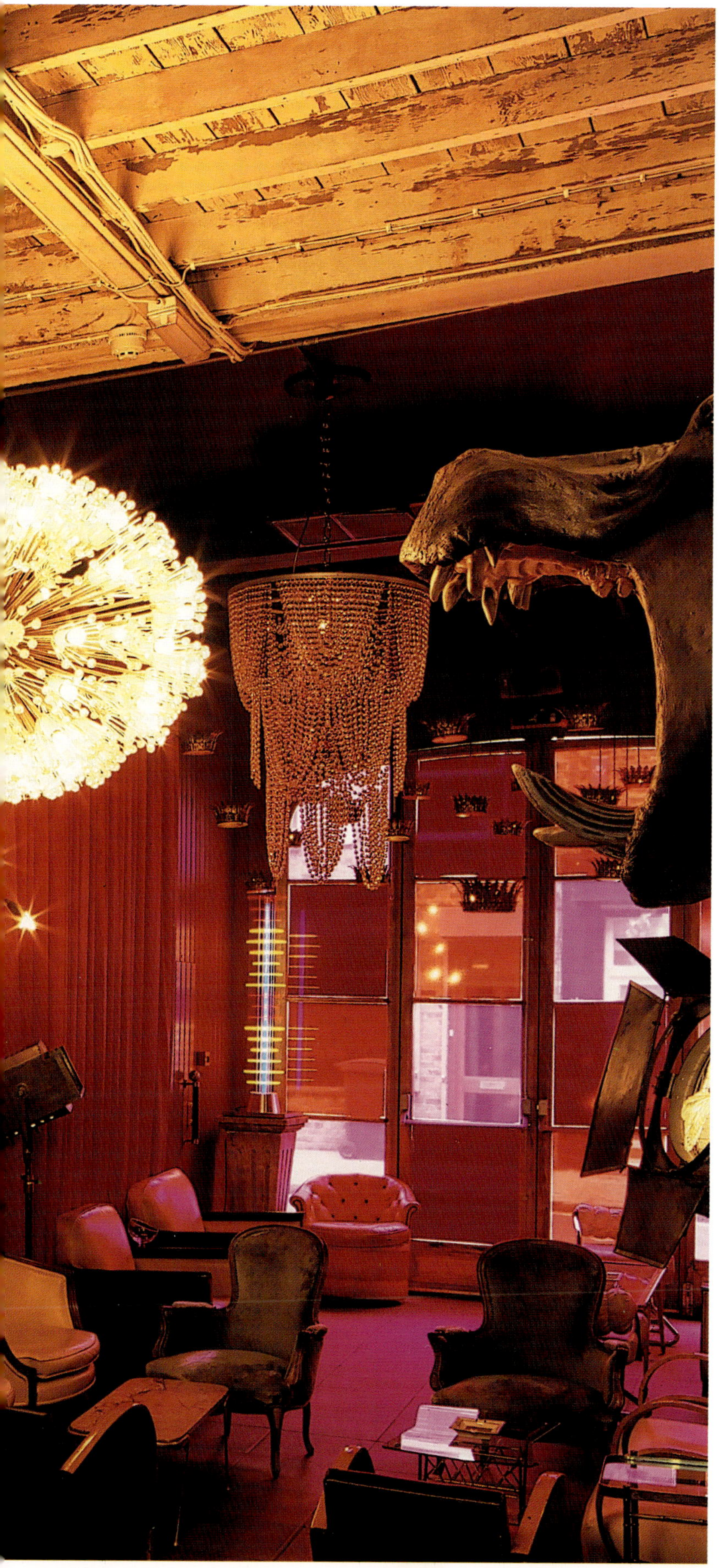

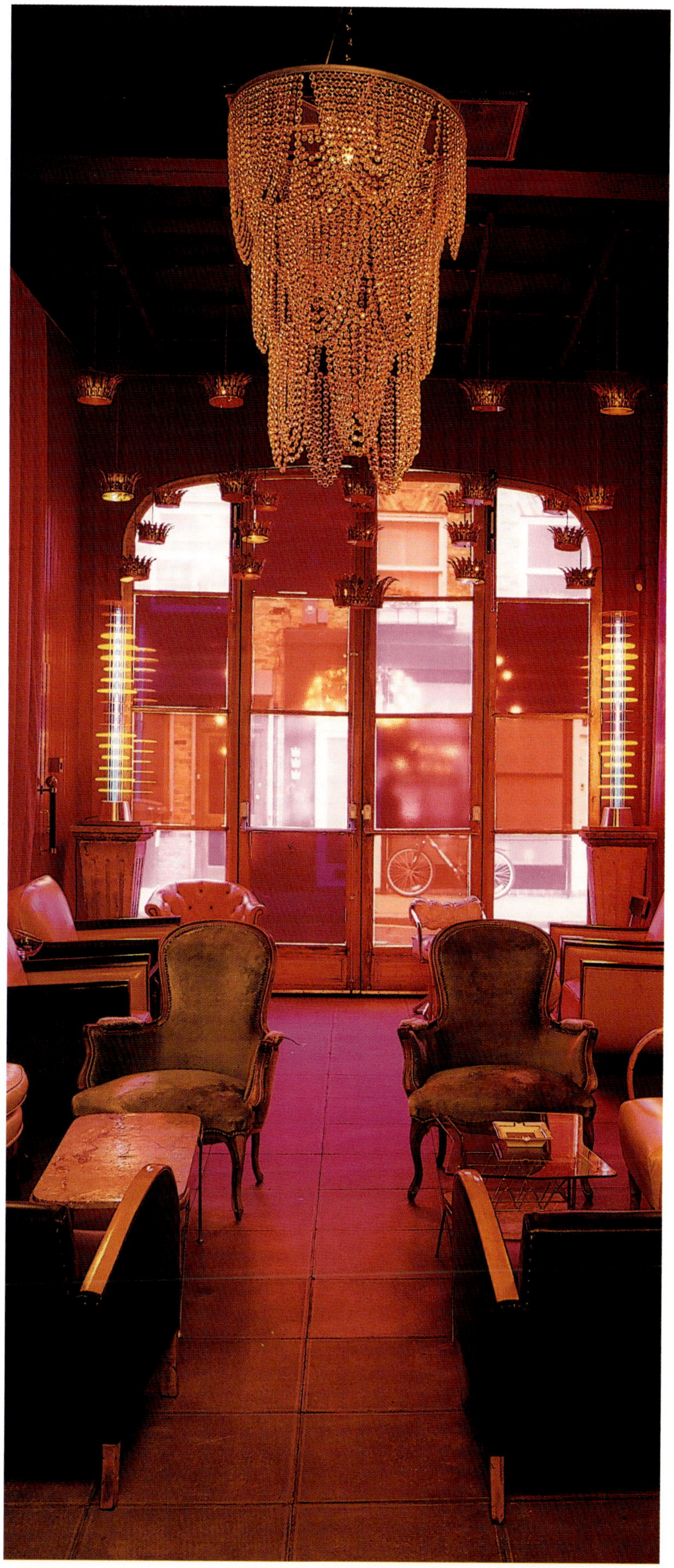

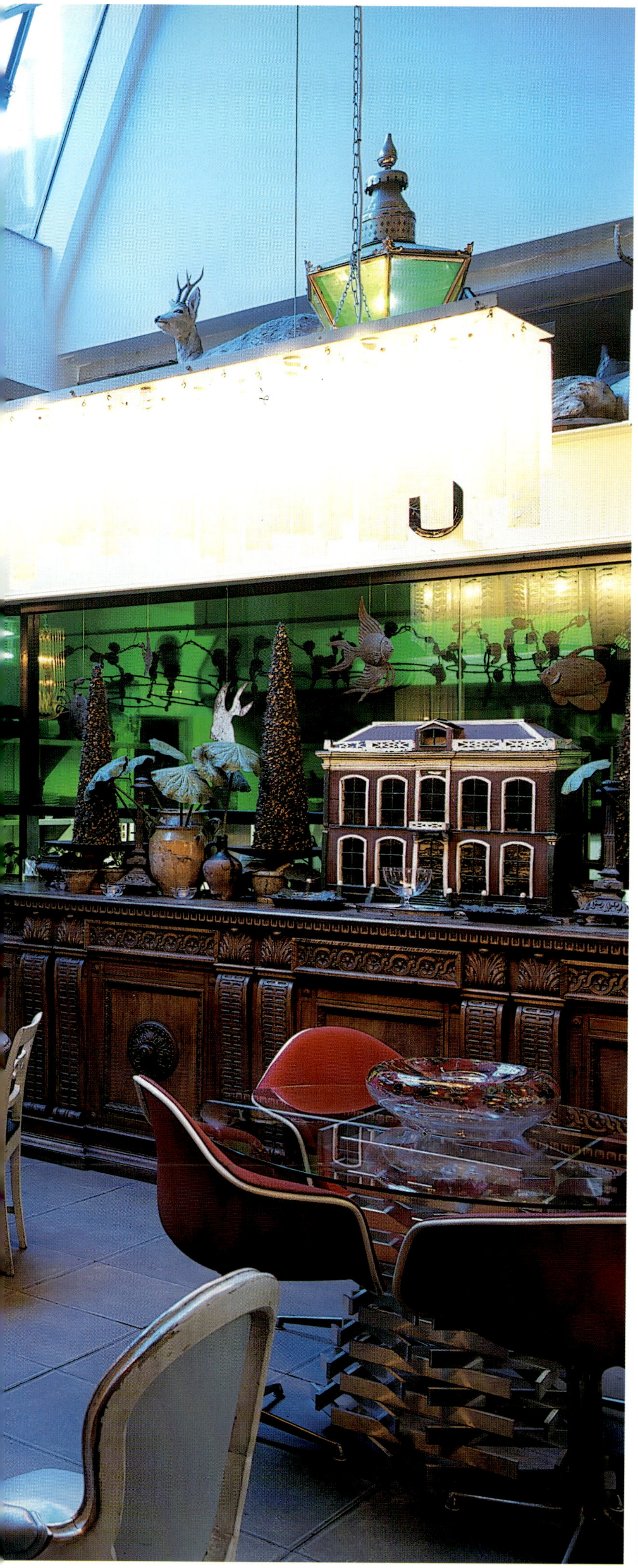

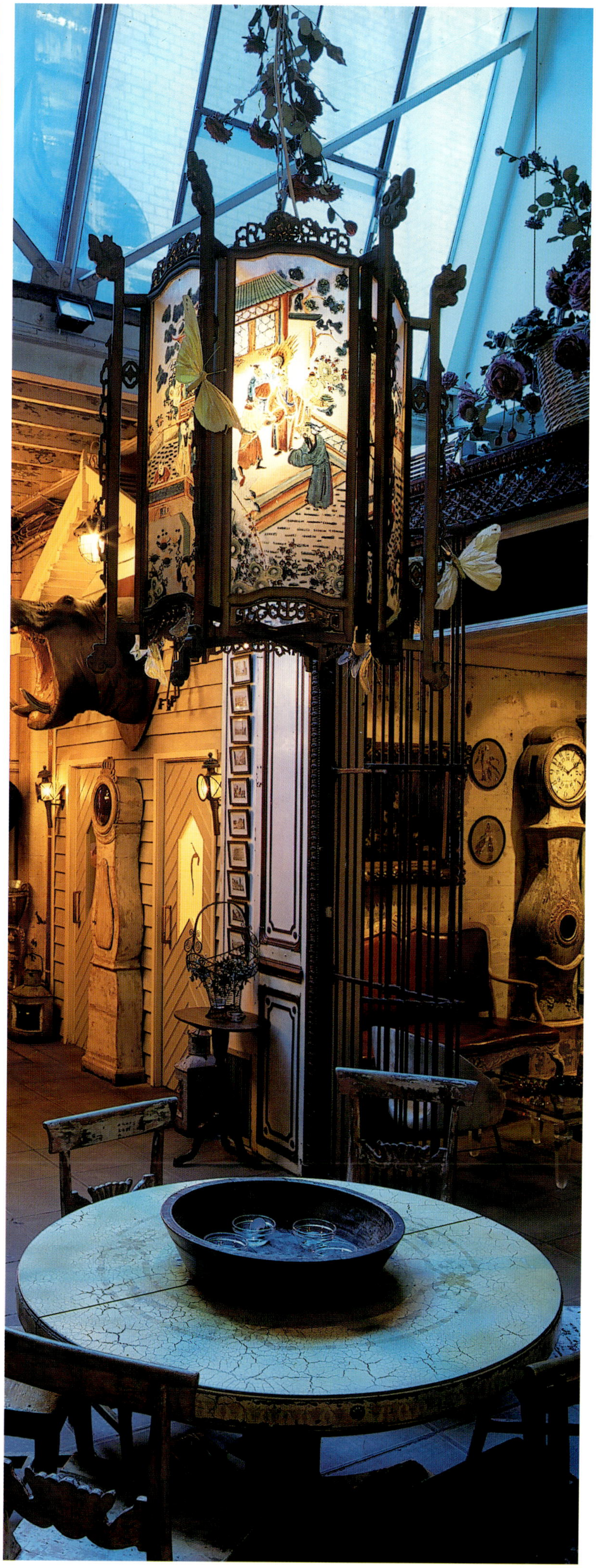

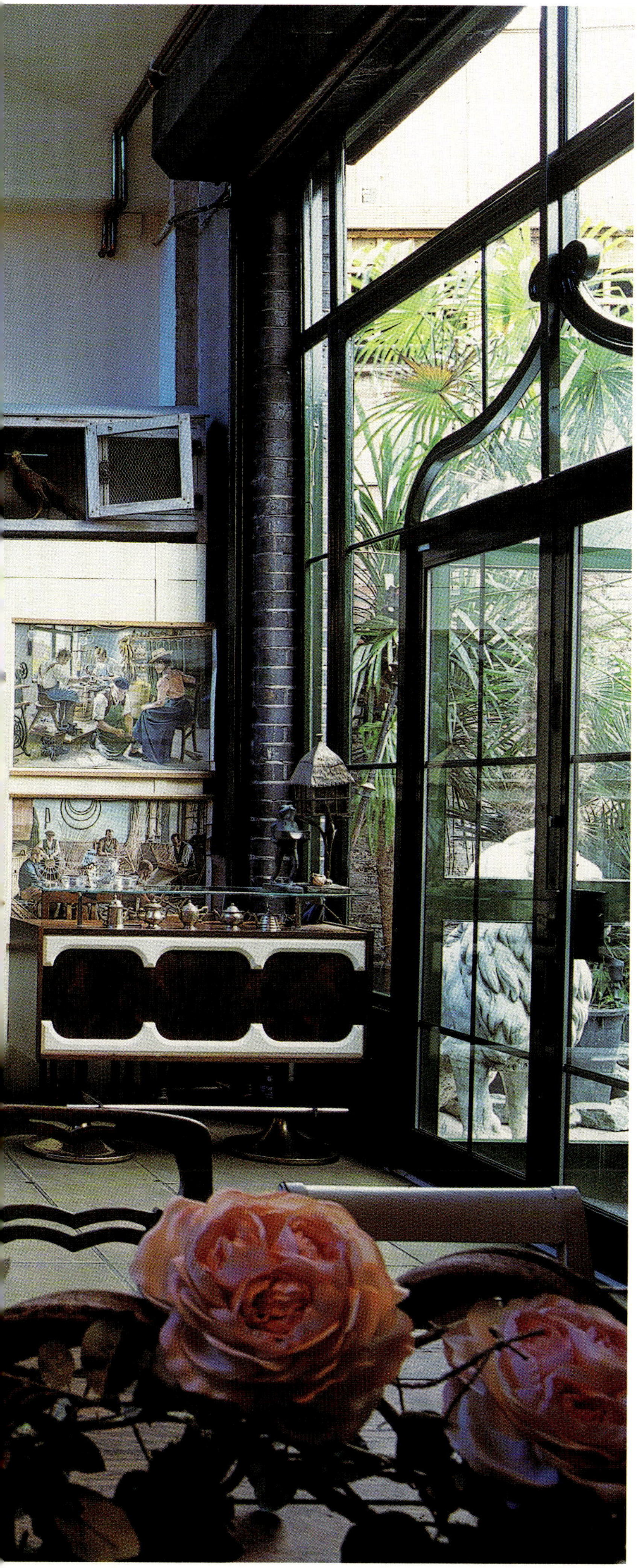

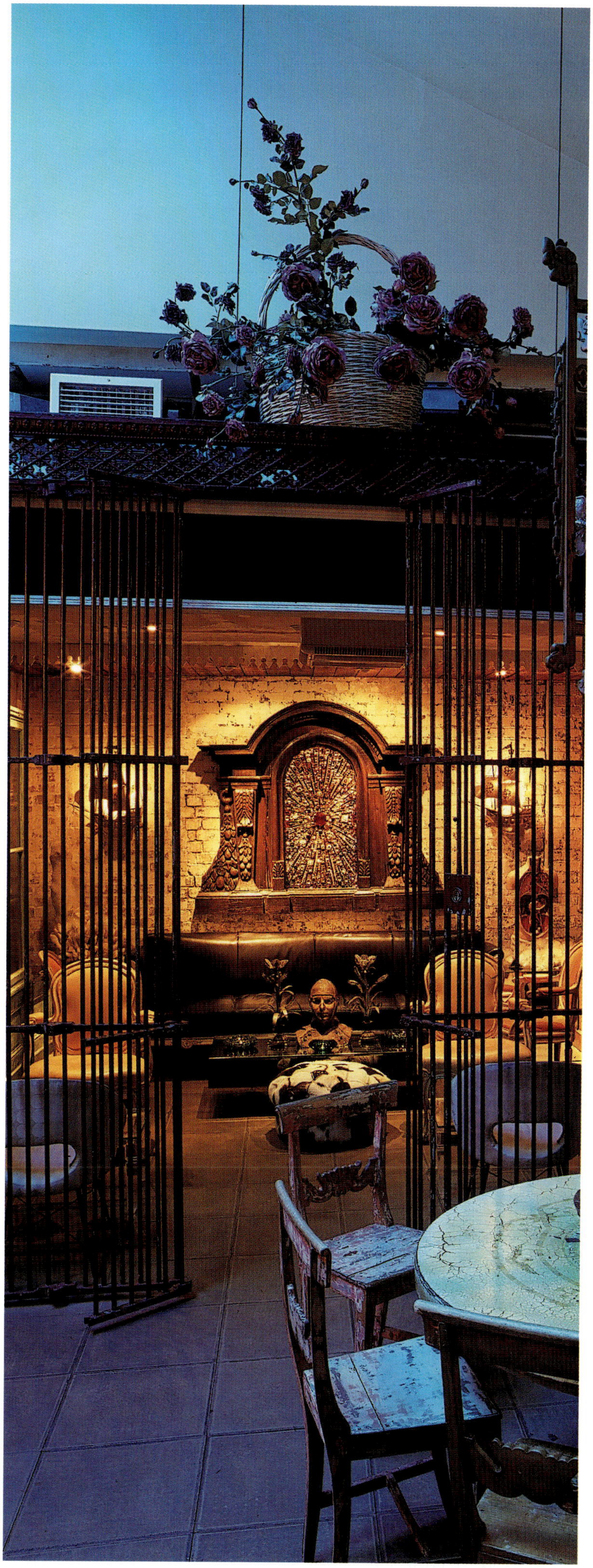

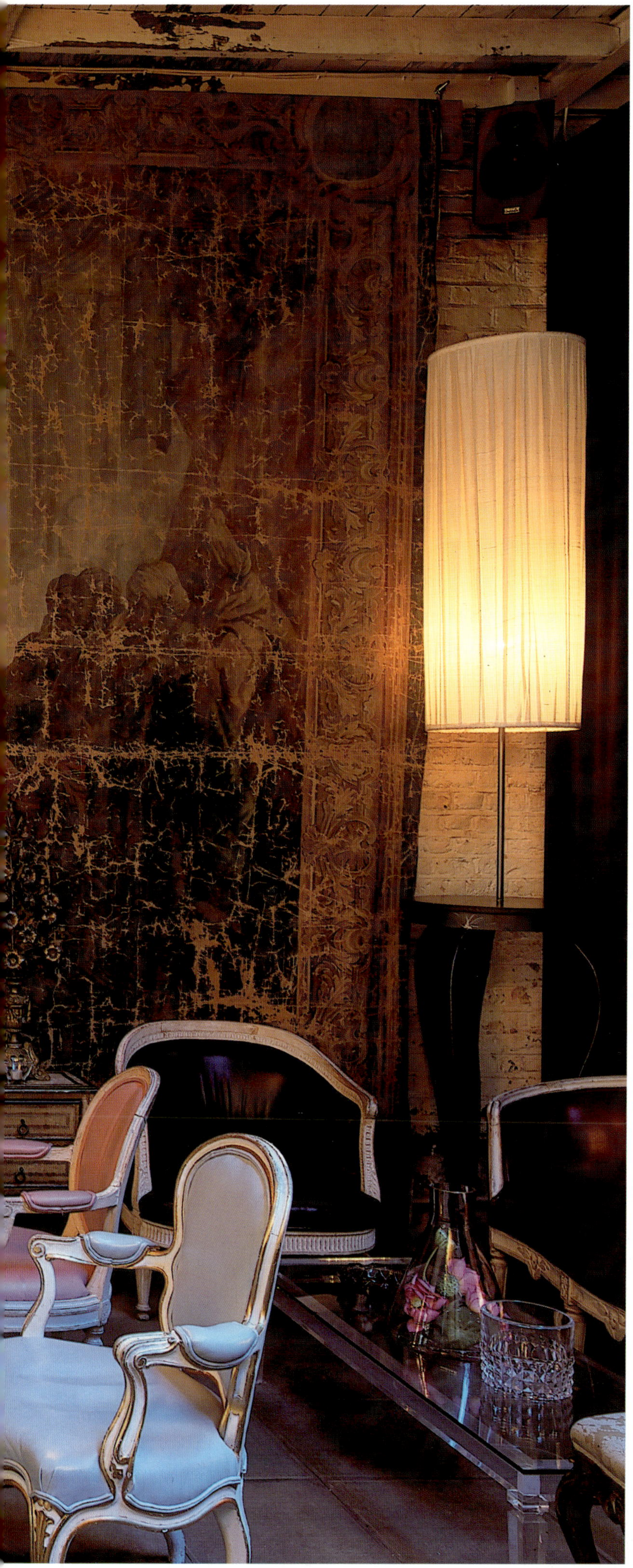

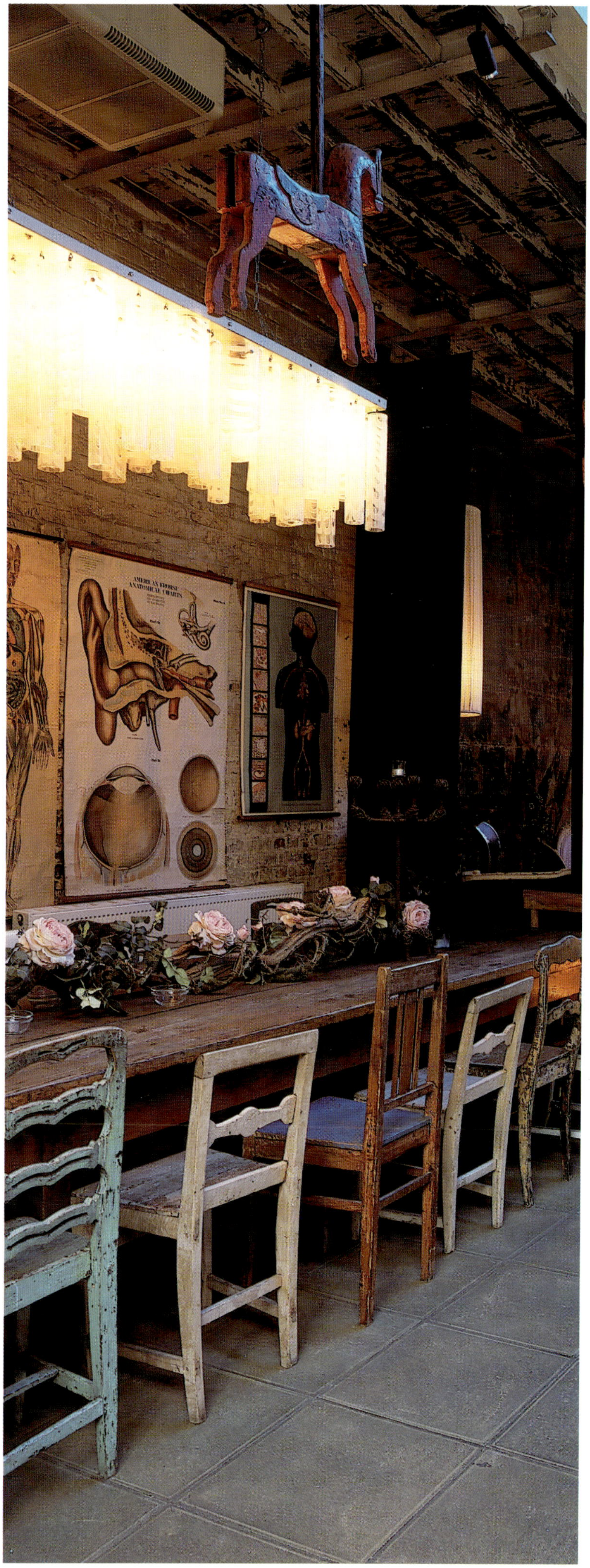
AMERICAN FROHSE
ANATOMICAL CHARTS

Mystique

Diseño: DIMITRIS NAOUMIS
Fotógrafo: © Nikos Psihogios
Localización: Atenas, Grecia

Un extenso tapizado rojo cardenalicio cubre la superficie aterciopelada y apasionada de todo el interior, y provoca una inundación de besos y secretos.

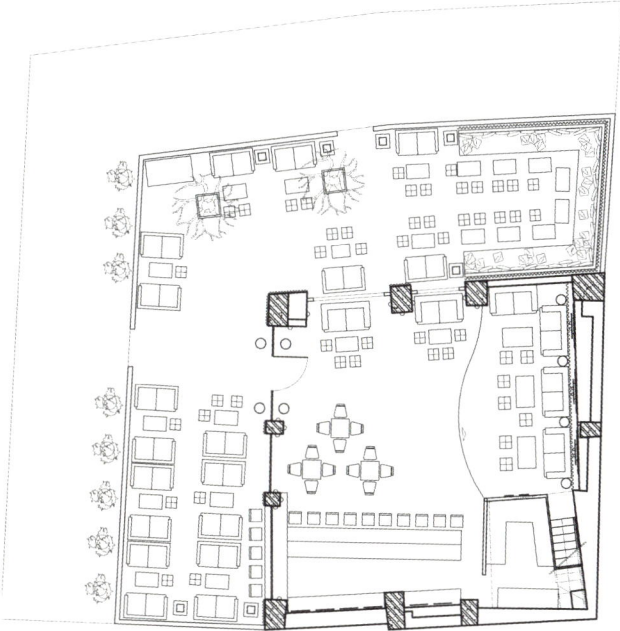

Planta

T-Bar

Diseño: TIHANY DESIGN
Fotógrafo: © Andrea Martiradonna
Localización: Milán, Italia

Todo parece mojado por una lluvia verde, que deja caer ranas y sapos, hojas de madreselva y frescura de musgo, sobre una superficie transparente y limpia.

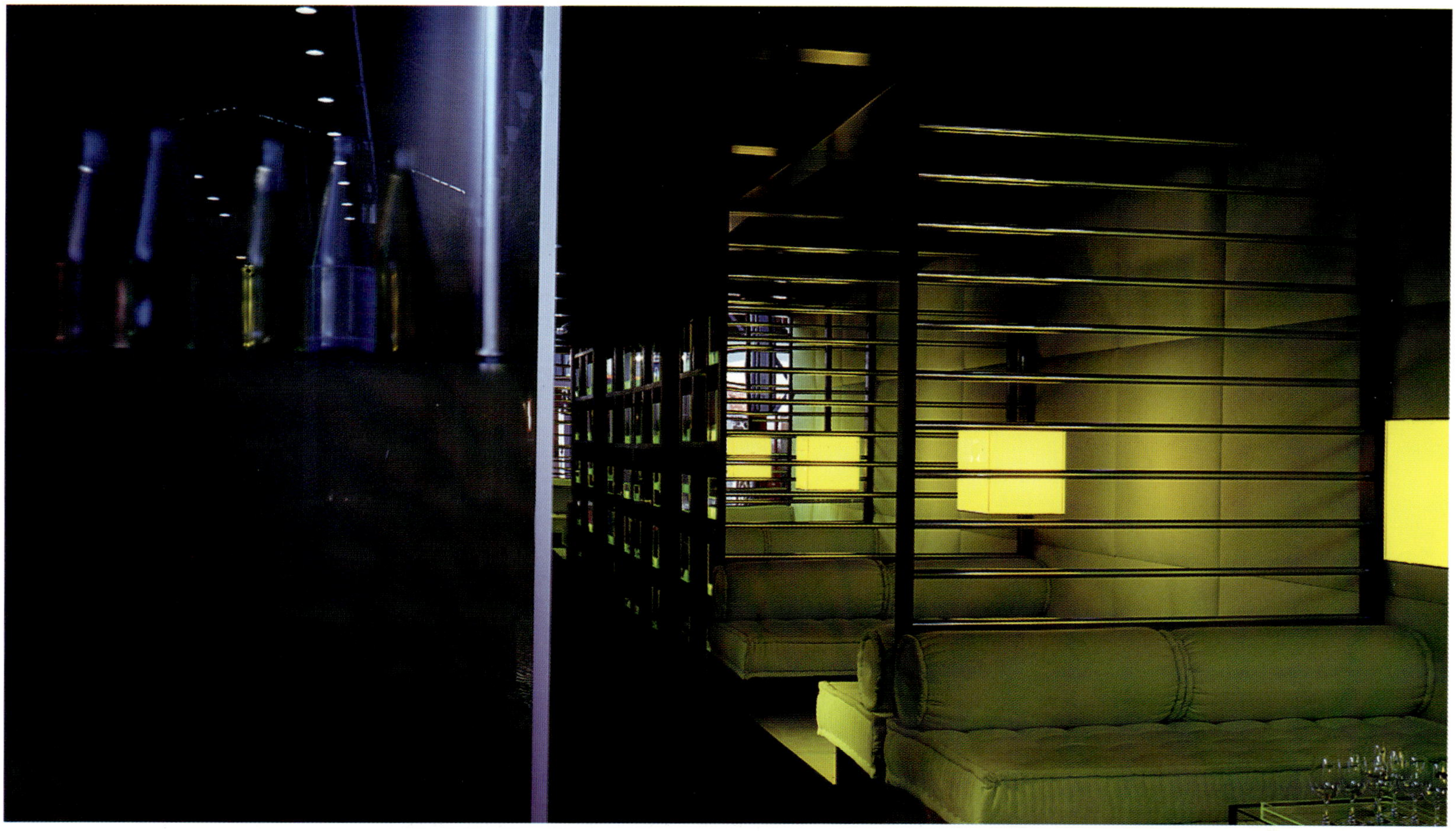

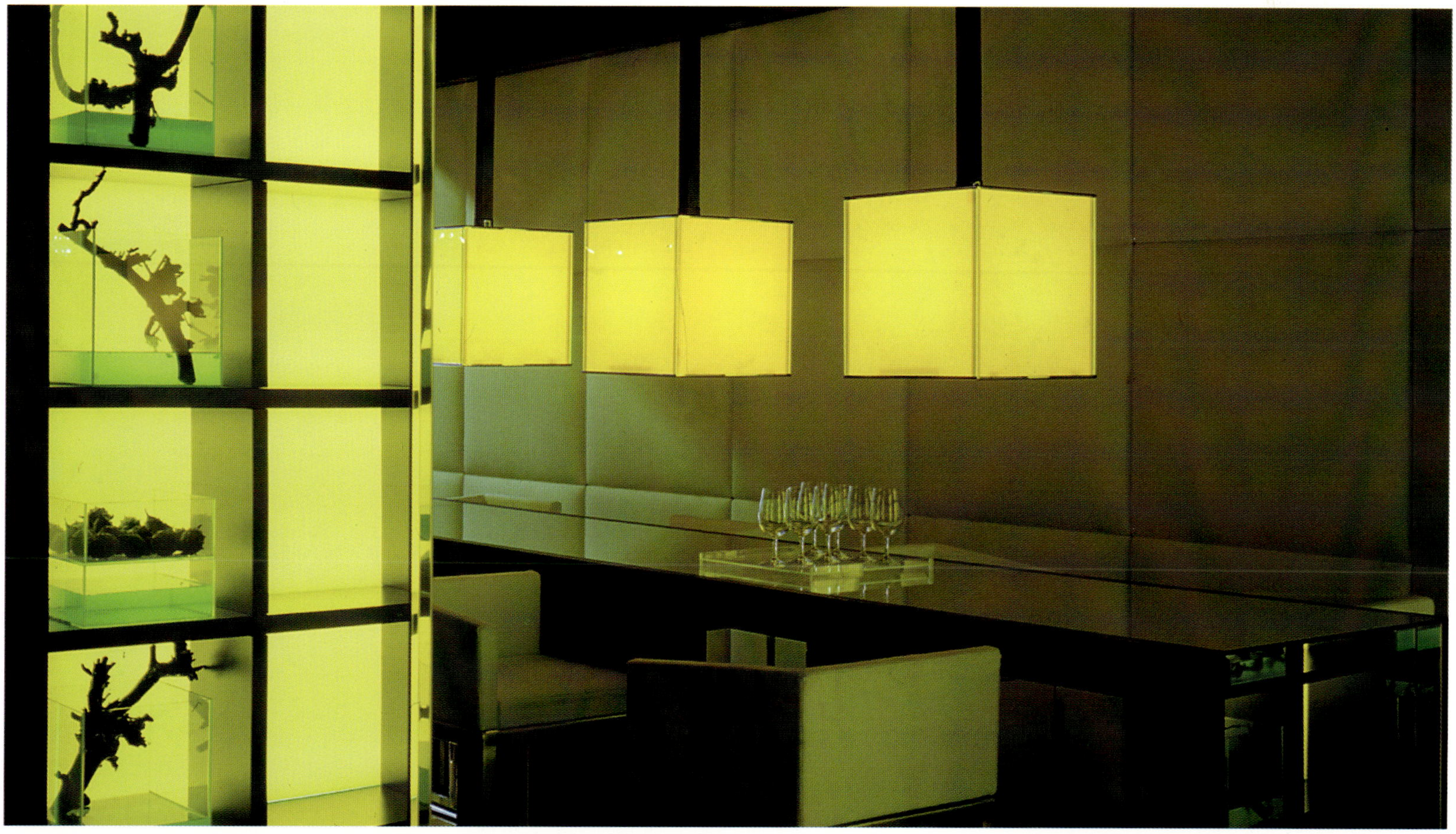

One

Diseño: ICRAVE DESIGN
Fotógrafo: © Frank Oudeman
Localización: Nueva York, Estados Unidos

Con presencia sofisticada y gesto elegante, cargado de la dureza escondida de una columna embutida en un guante de boxeo, se presenta un espacio delicado y tenue.

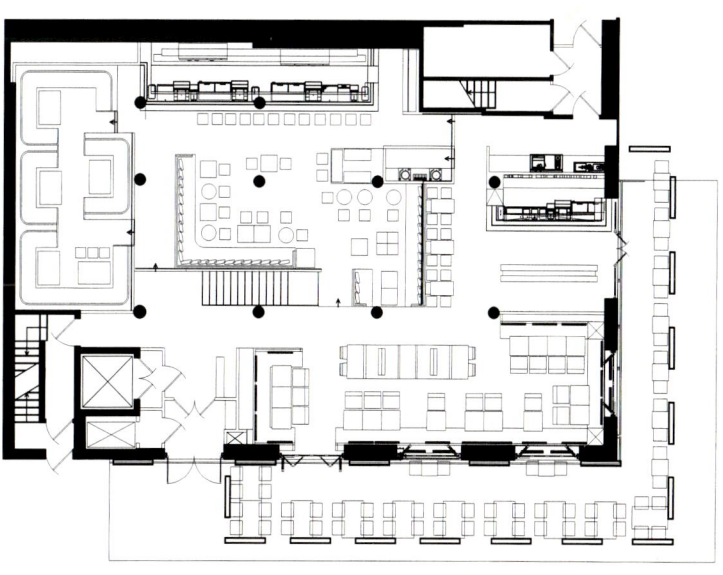

Planta

Mystique Nightclub

Diseño: DARYL SCOTT
Fotógrafo: © Marc Schultz
Localización: Bangkok, Tailandia

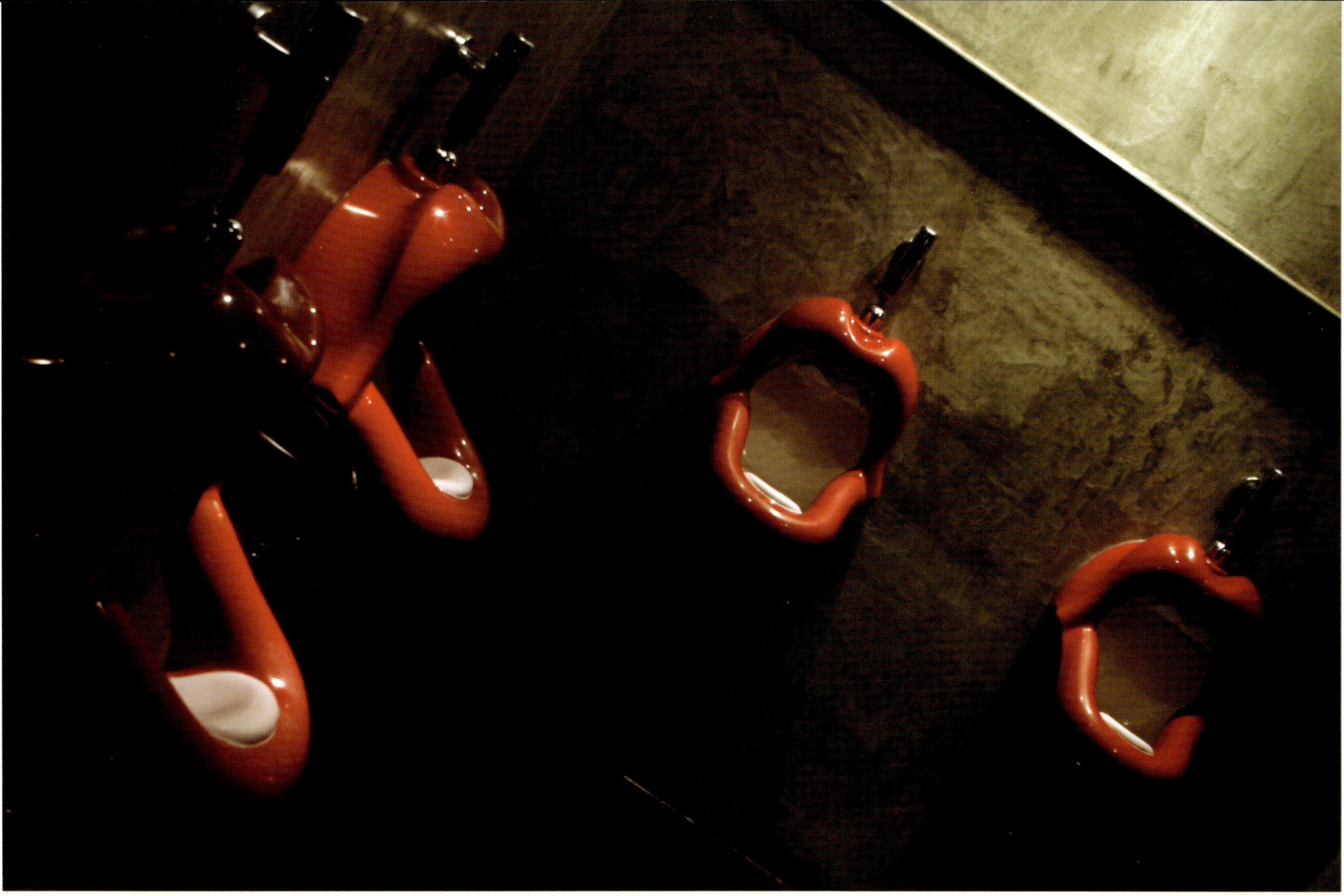

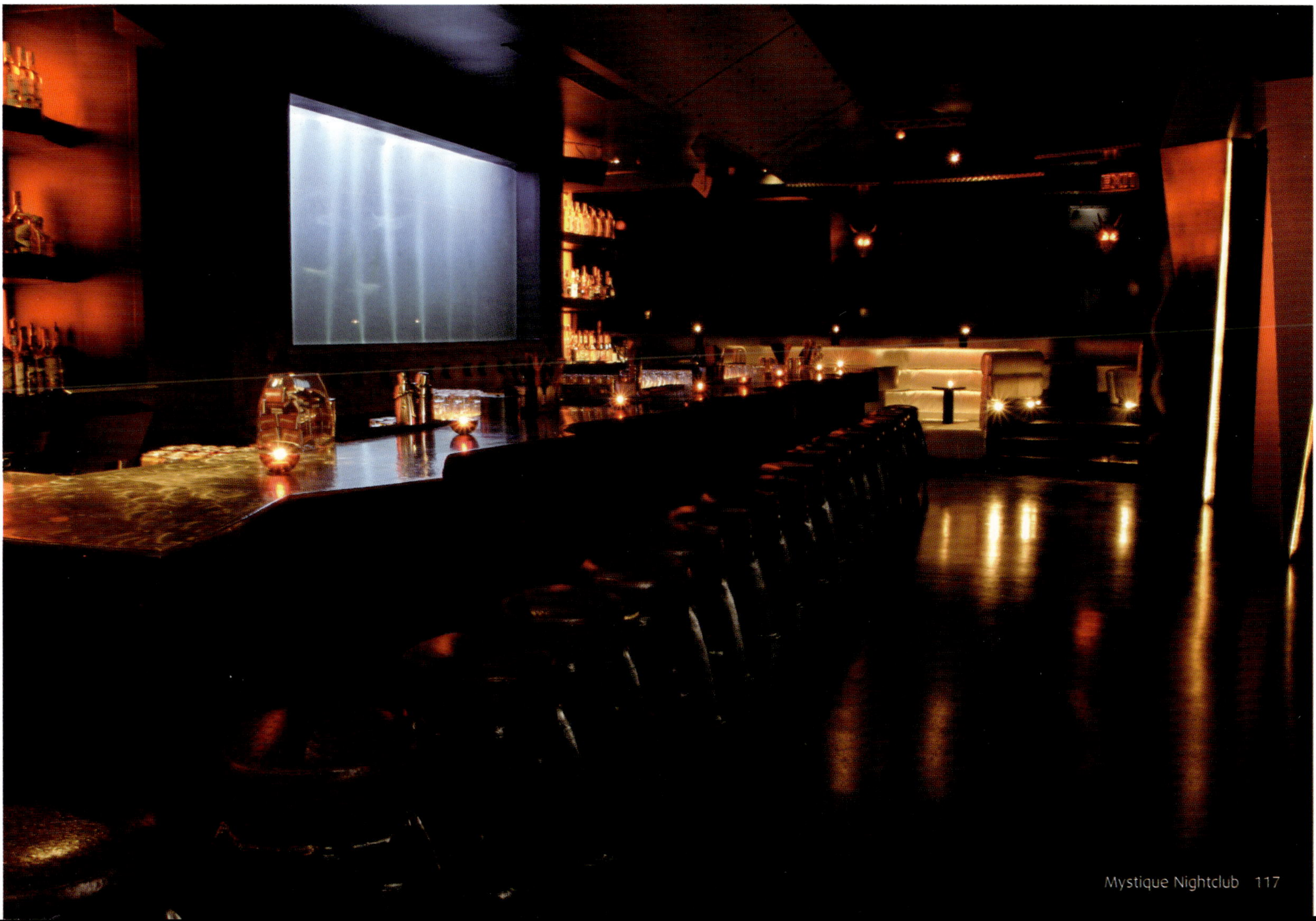

Un ambiente de deliciosa perversidad, que acompañan una iluminación sensual y la presencia de objetos casi pornográficos en el área del baño.

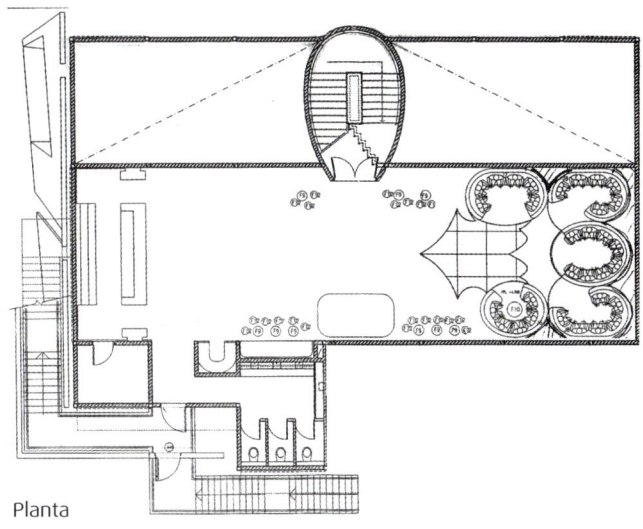

Planta

Kabaret's Prophecy

Diseño: DAVID COLLINS
Fotógrafo: © Adrian Wilson
Localización: Londres, Reino Unido

Letreros luminosos componen un
espacio indefinido y ecléctico, de pala-
bras y formas abstractas que cambian
con las infinitas combinaciones de los
puntos de luz.

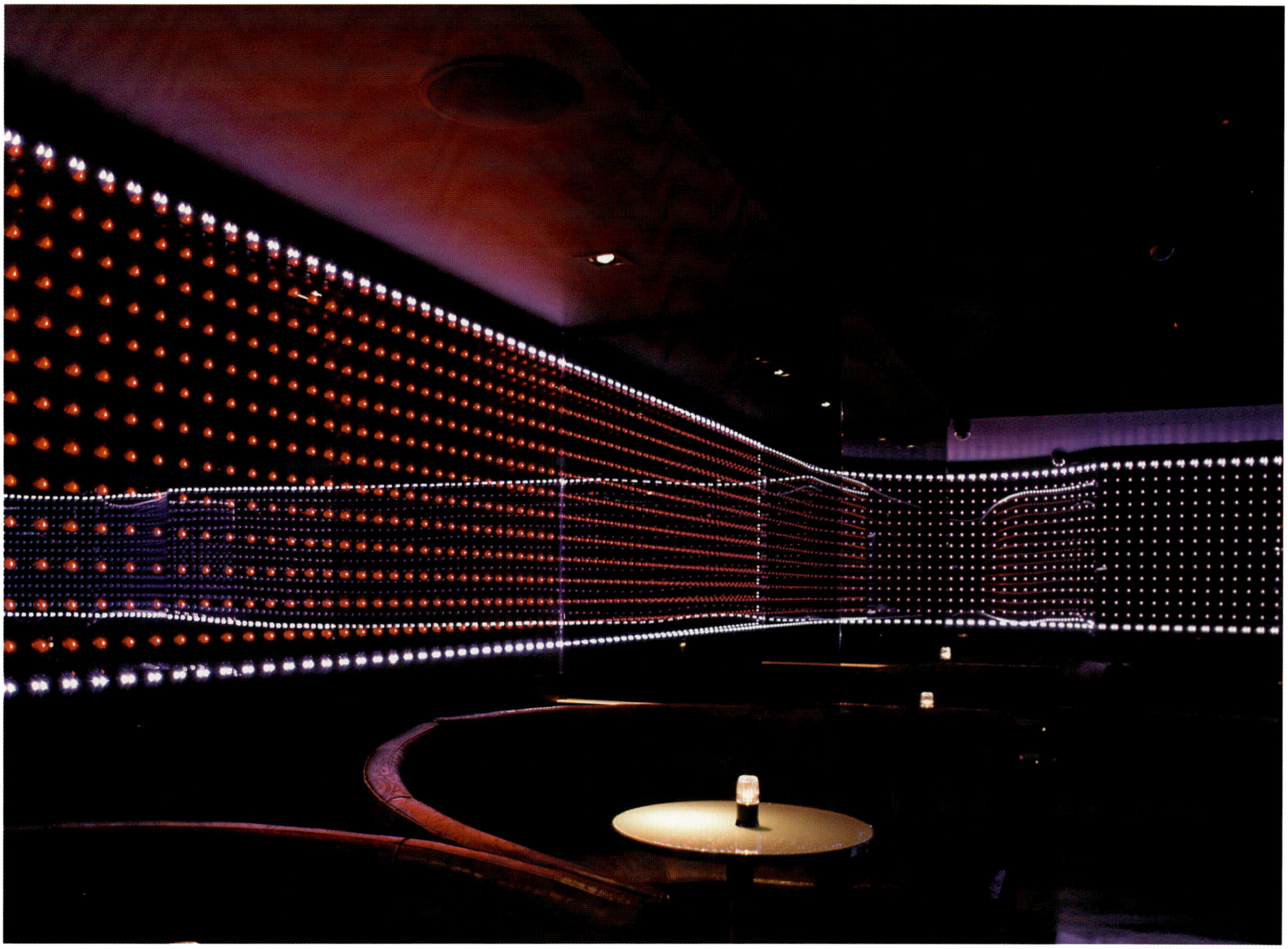

Planta

LO
QUEEN OF THE TEXAS HOLD-EM.

THE PROFIT
DICK
STYLE STUD AND HE-HUNK HUNK
LIKE A SARTORIAL
CLOTHESHORSE
WARD

Nouveau Casino

Diseño: PÉRIPHÉRIQUE ARCHITECTES
Fotógrafo: © Luc Boegly
Localización: París, Francia

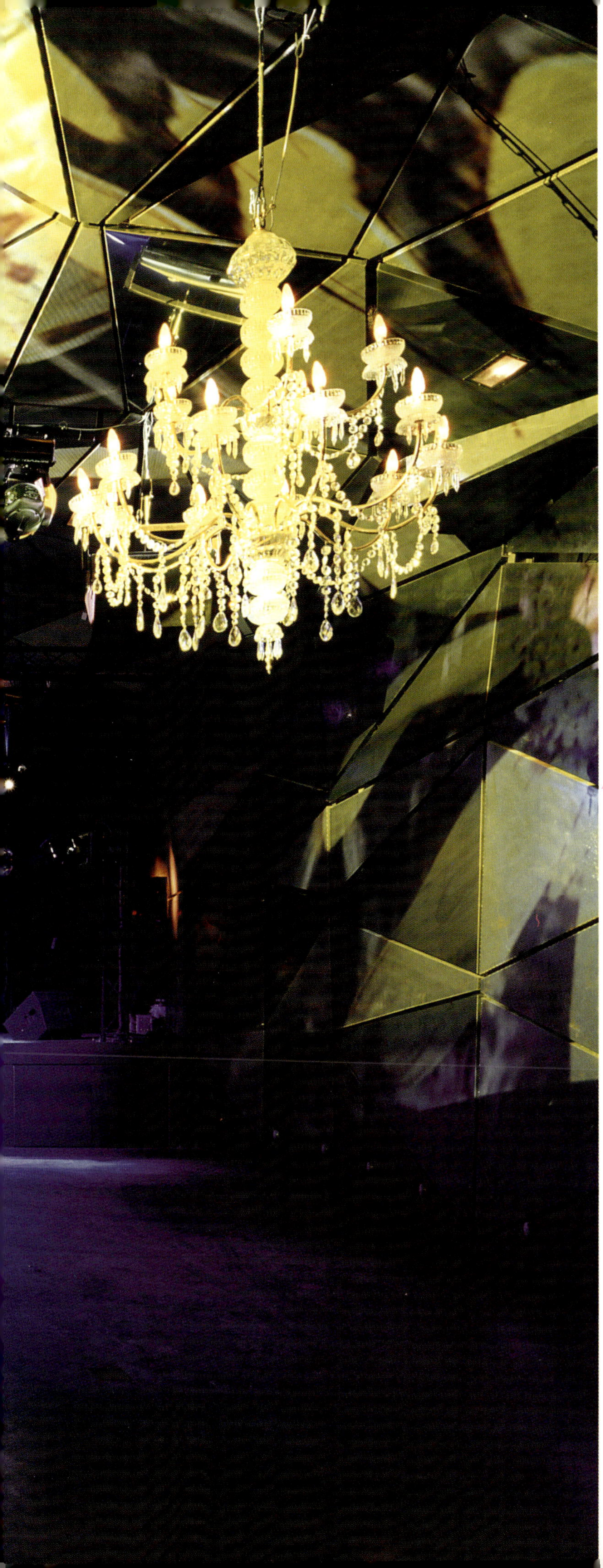

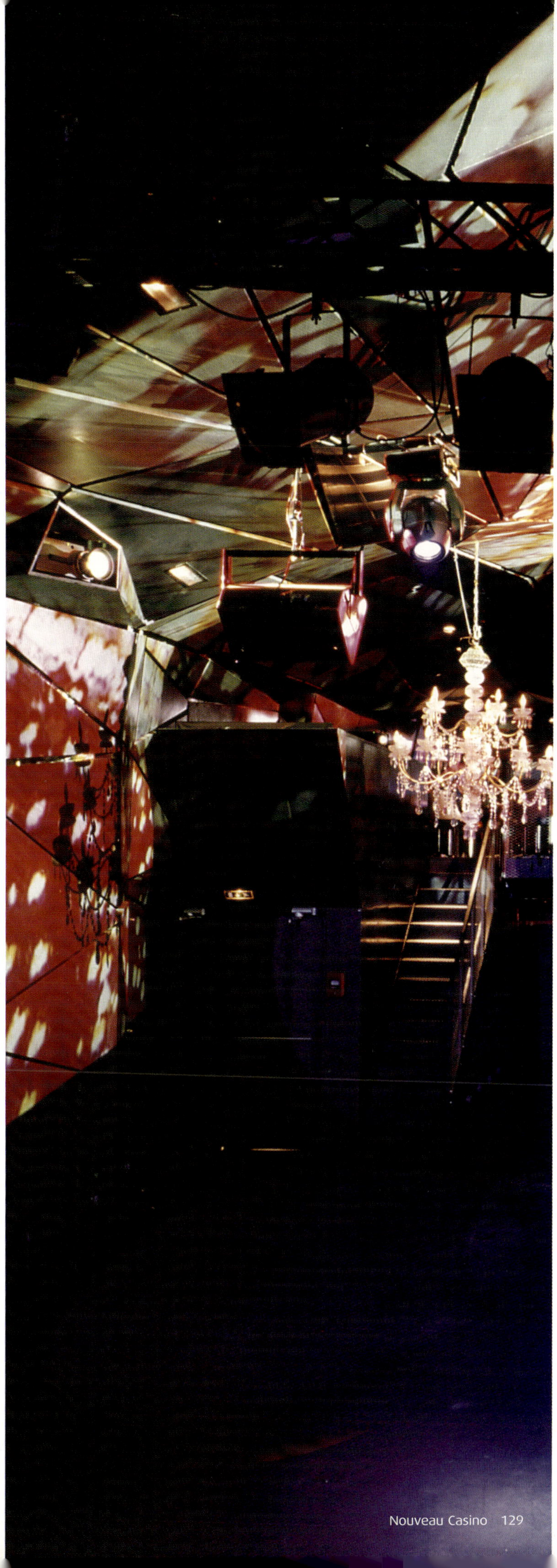

Techo y paredes se convierten en pantallas sobre las que se proyectan imágenes que transforman el espacio y eliminan la finitud, estaticidad y monotonía de una superficie de hormigón.

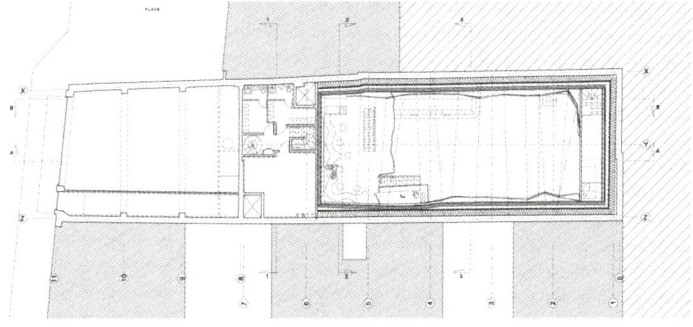

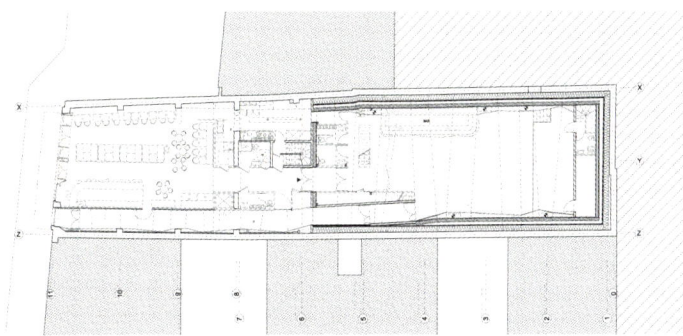

Plantas

La Mesie

Diseño: TONI FÀBREGAS
Fotógrafo: © Pep Escoda
Localización: Tarragona, España

La iluminación construye el espacio: una proyección continuada y repetitiva de imágenes líquidas que reaccionan químicamente y provocan estallidos de colores y formas orgánicas.

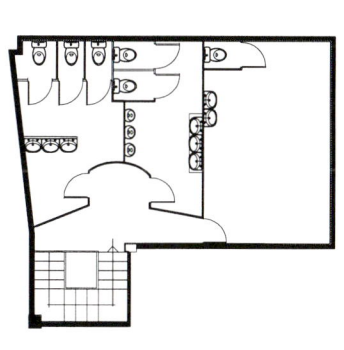

Altillo

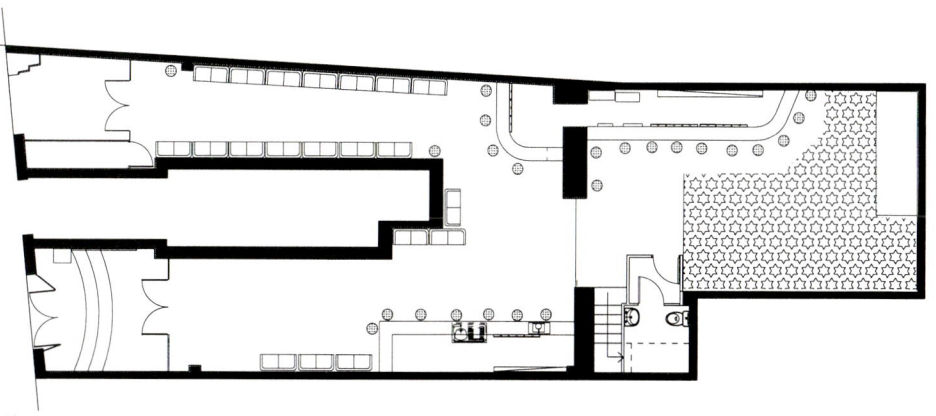

Planta

Tocar

Naturaleza, cuerpo y escultura

MPV

Diseño: UNION NORTH
Fotógrafo: © Chris Gascoigne/View
Localización: Leeds, Reino Unido

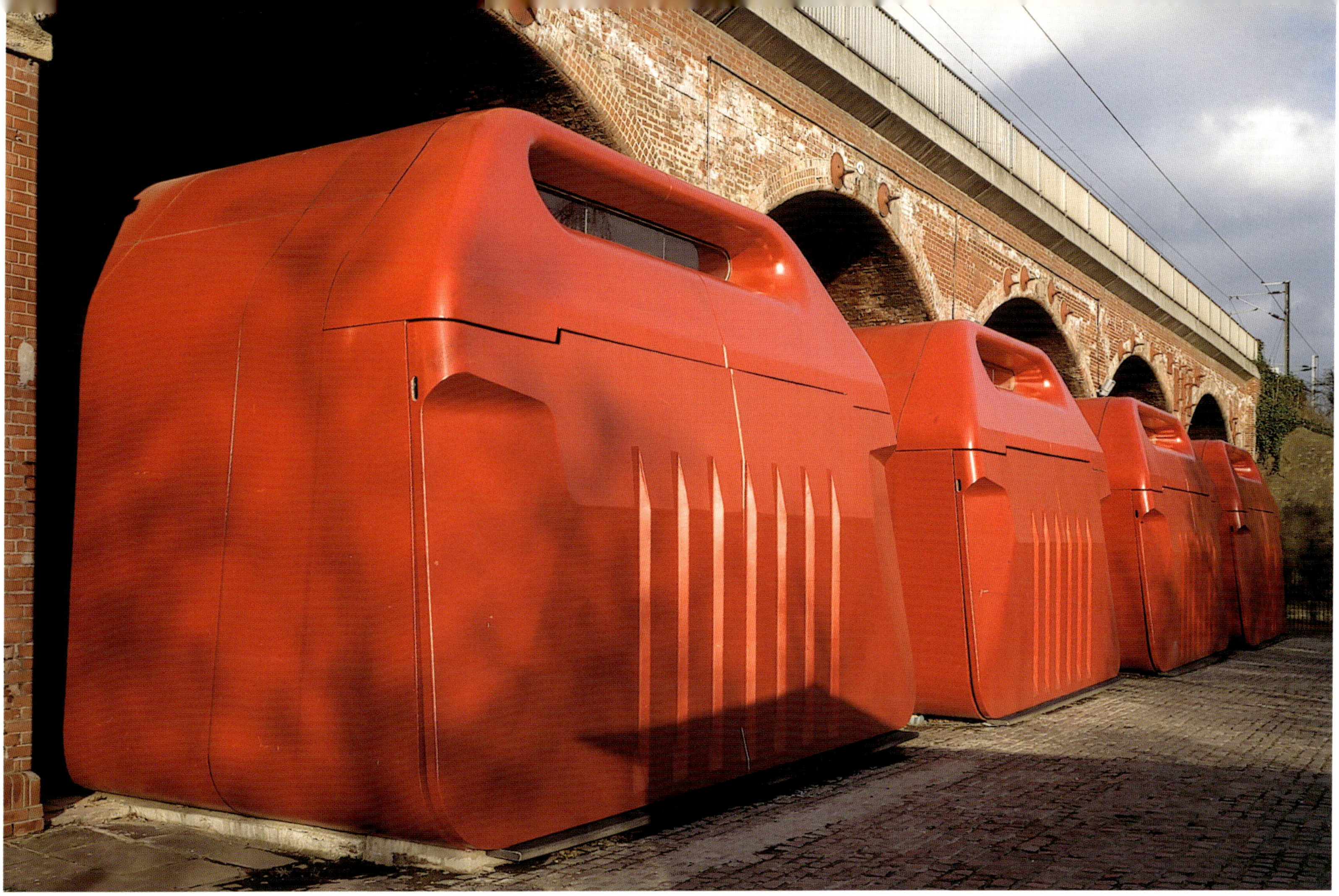

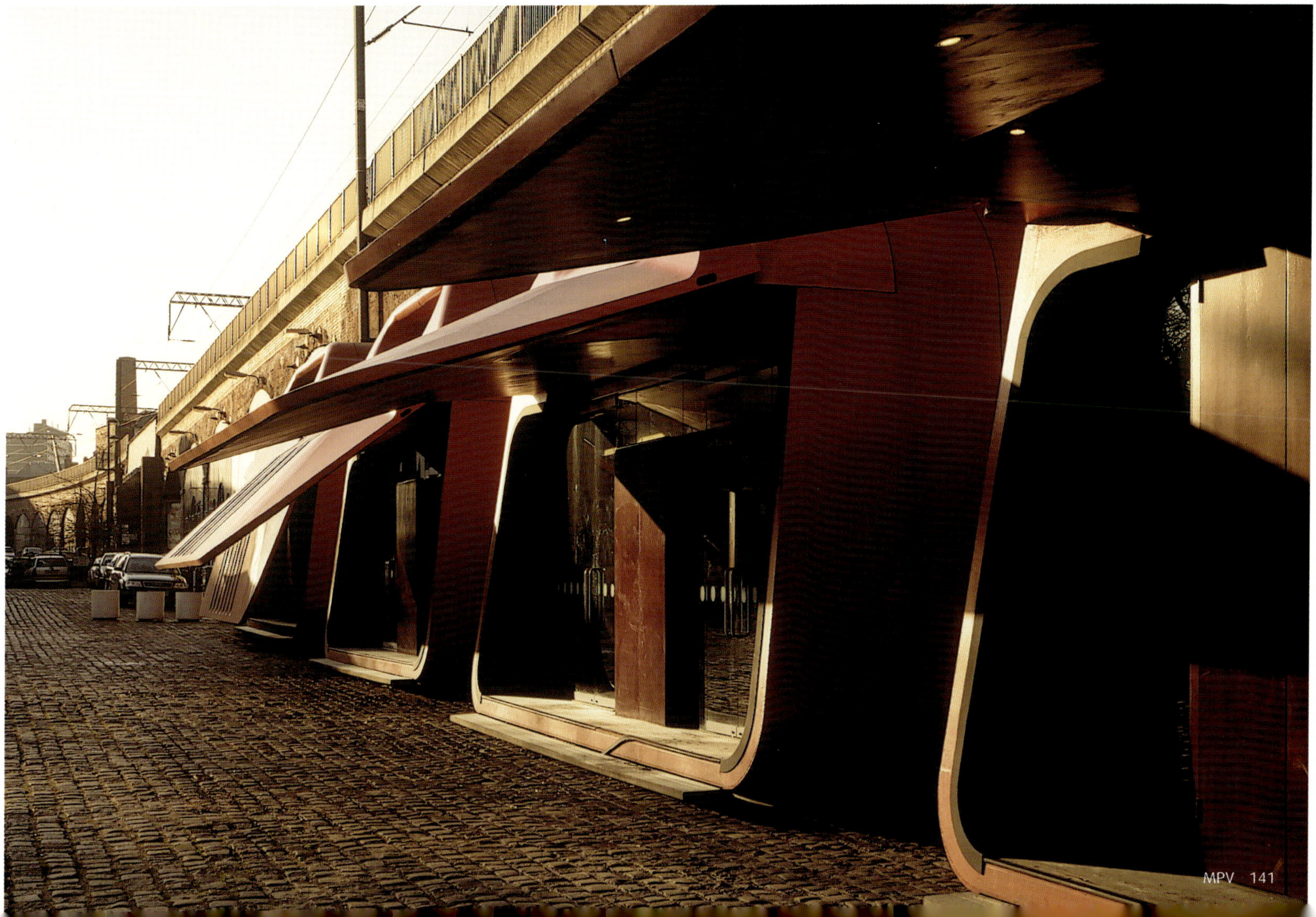

Cuatro maletines gigantes, que conservan el interior reducido de una caravana y el ambiente de club, se despliegan de manera insólita en medio del descampado inhóspito de una ciudad industrial.

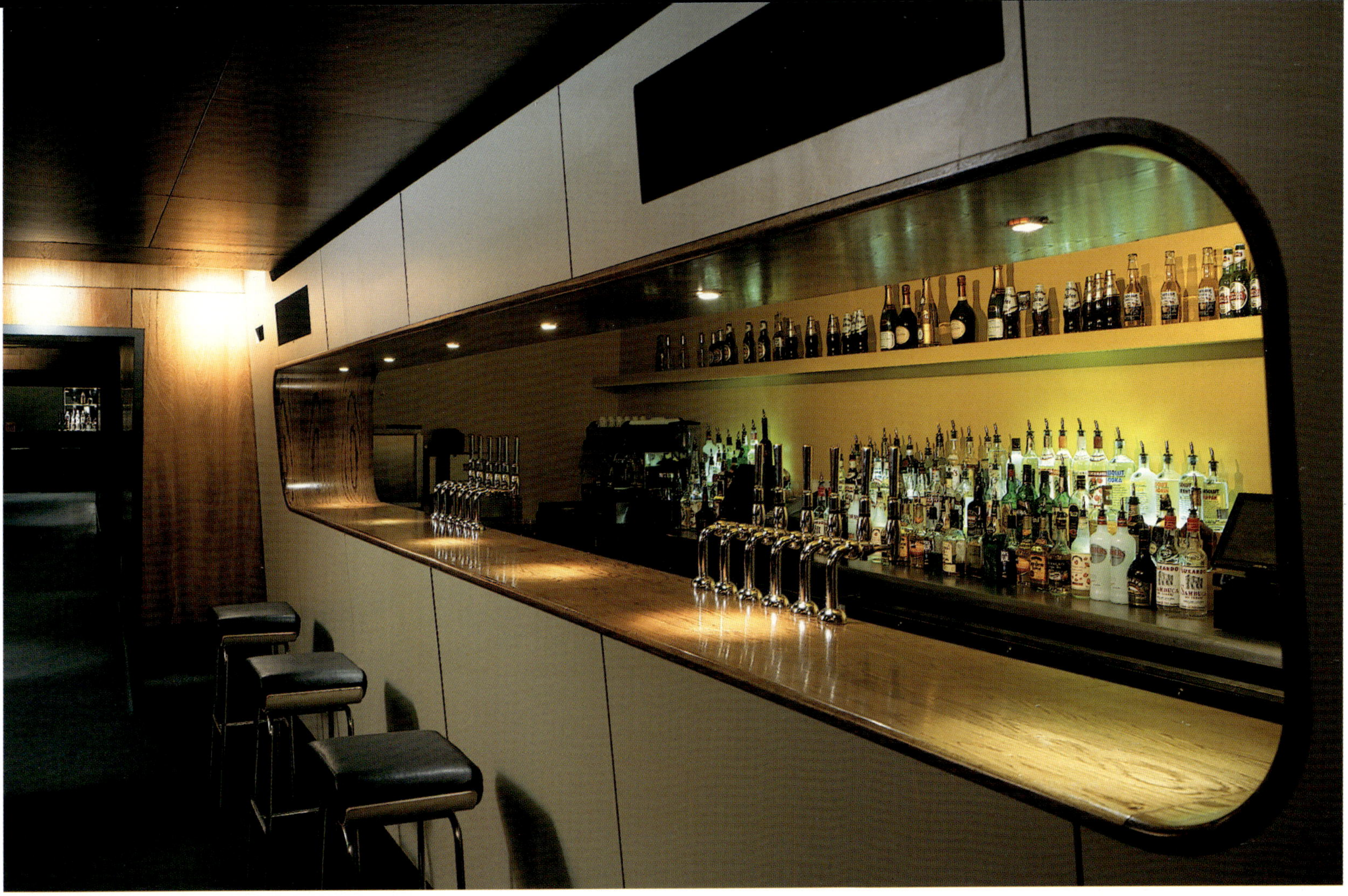

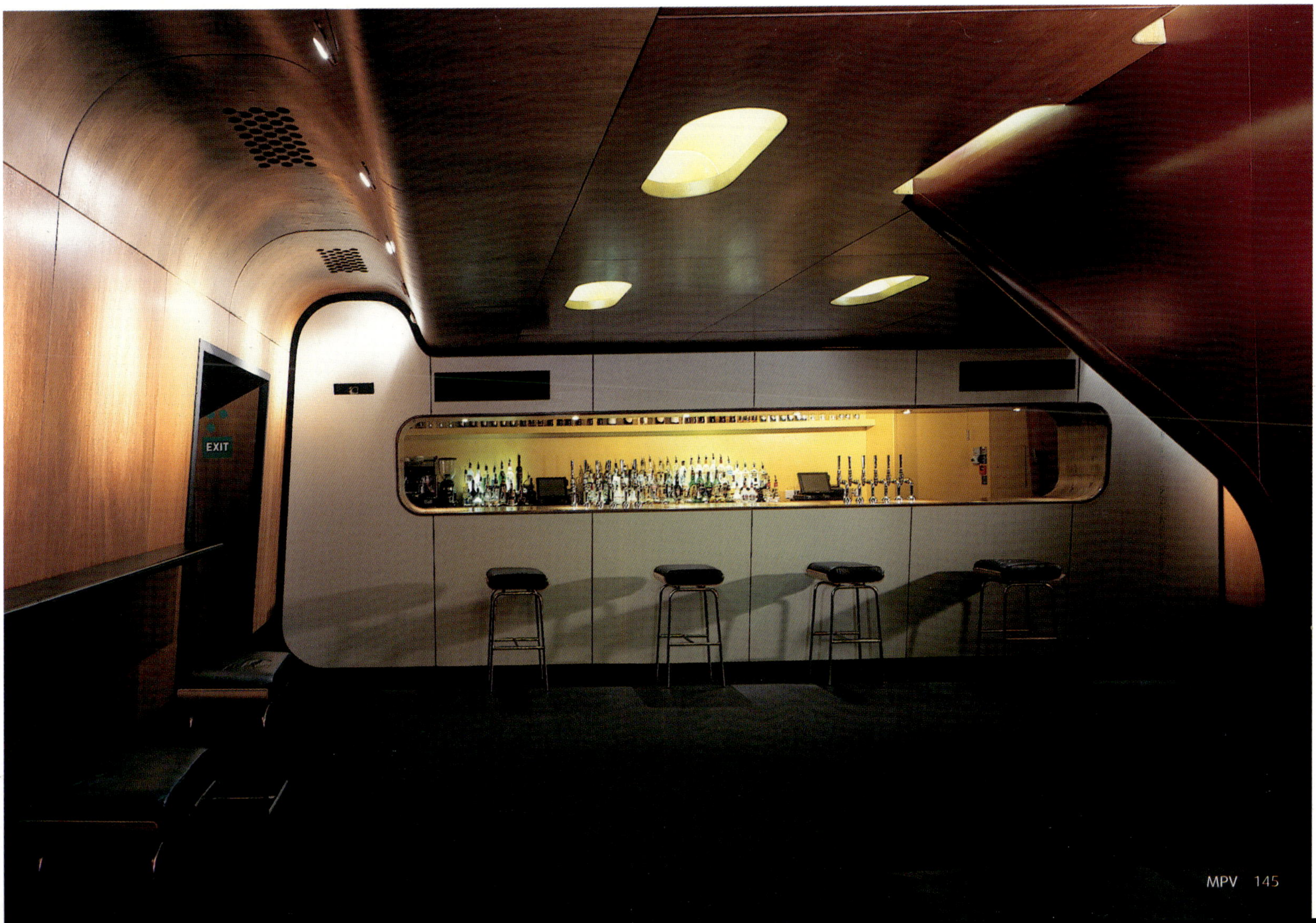
EXIT

Bar Room Bar

Diseño: BUCKLEY GRAY ARCHITECTS
Fotógrafo: © Chris Gascoigne/© View
Localización: Bristol, Reino Unido

Compartimentos rectangulares abiertos retienen con sutileza la intimidad de diferentes zonas, que comprenden un bar y un restaurante, esparcidas en la amplitud inabarcable de un espacio único.

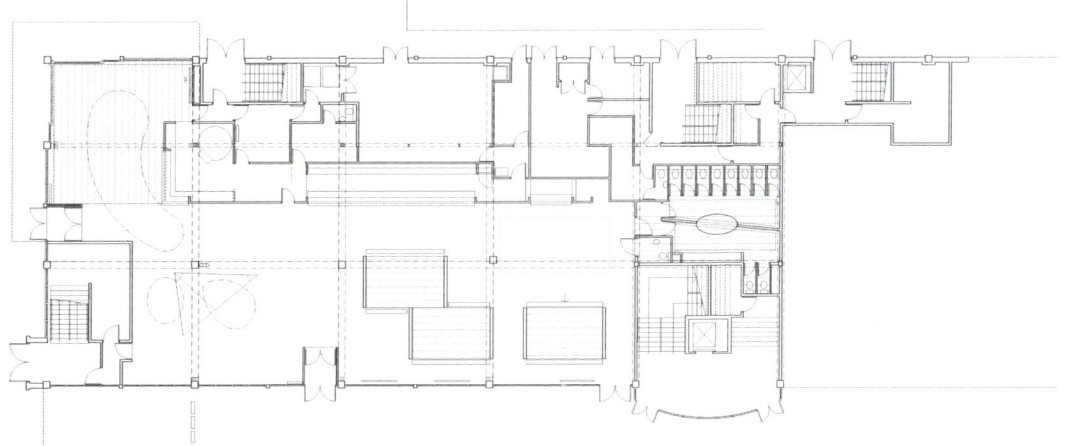

Planta

Room at the top

Diseño: GRAVEN IMAGES
Fotógrafo: © Keith Hunter
Localización: Bathgate, Reino Unido

Compartimentos y armarios recogen pequeños espacios dentro de un área dividida en habitaciones que mantienen la calidez de una casa de madera.

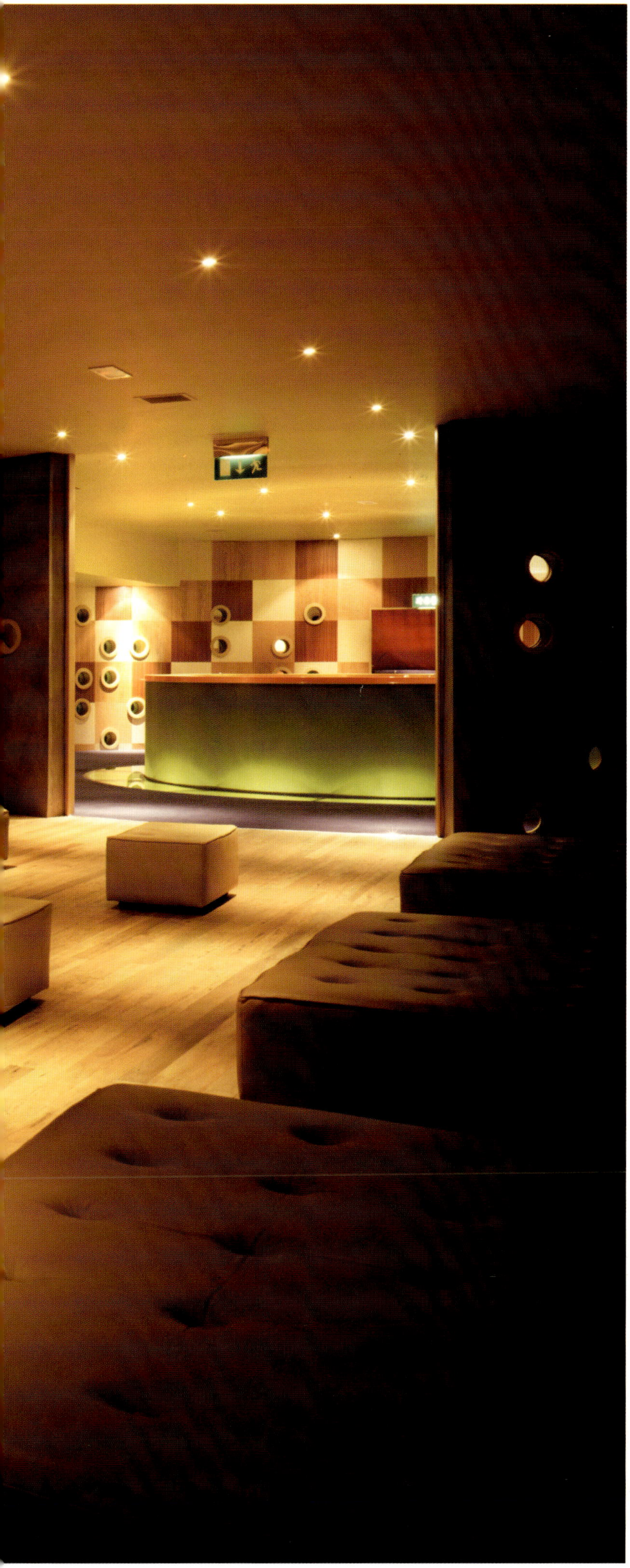

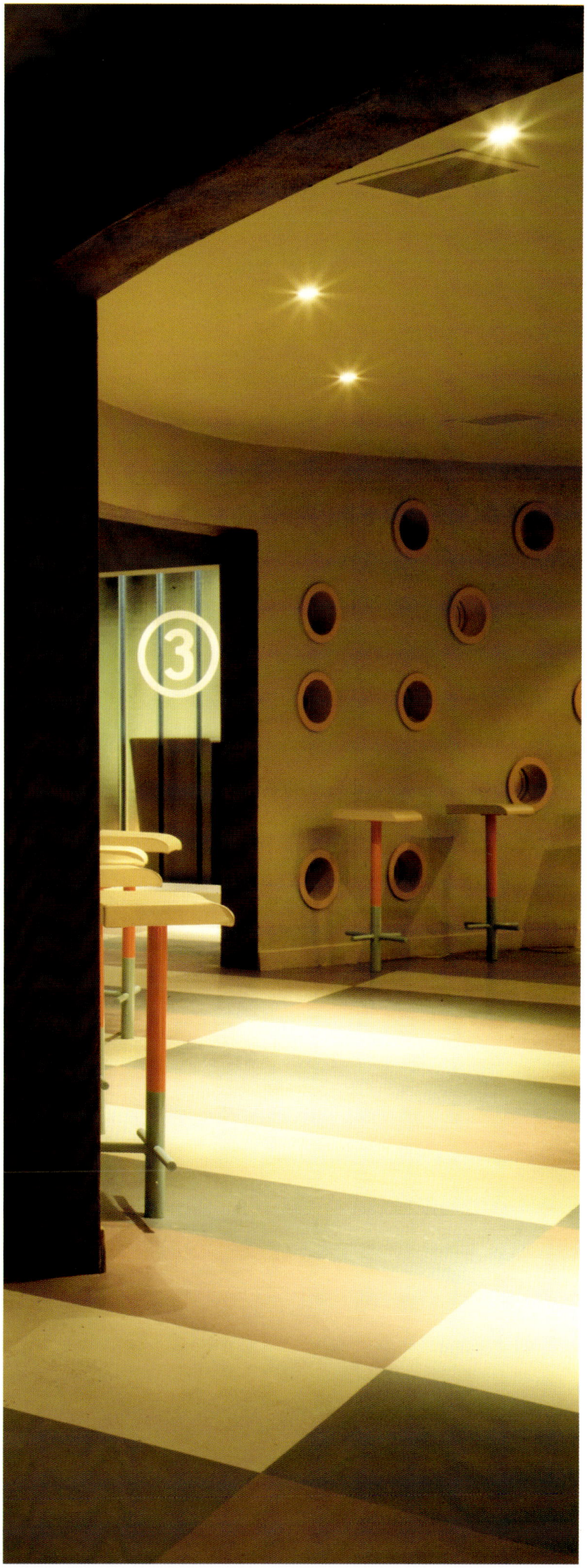
3

Loft

Diseño: JUAN MORASSO
Fotógrafo: © A. Álvarez/© J. Estrada
Localización: Caracas, Venezuela

El techo abierto enmarca un cielo de estrellas en lo alto de este club que conserva los vestigios de un esquele-to de madera.

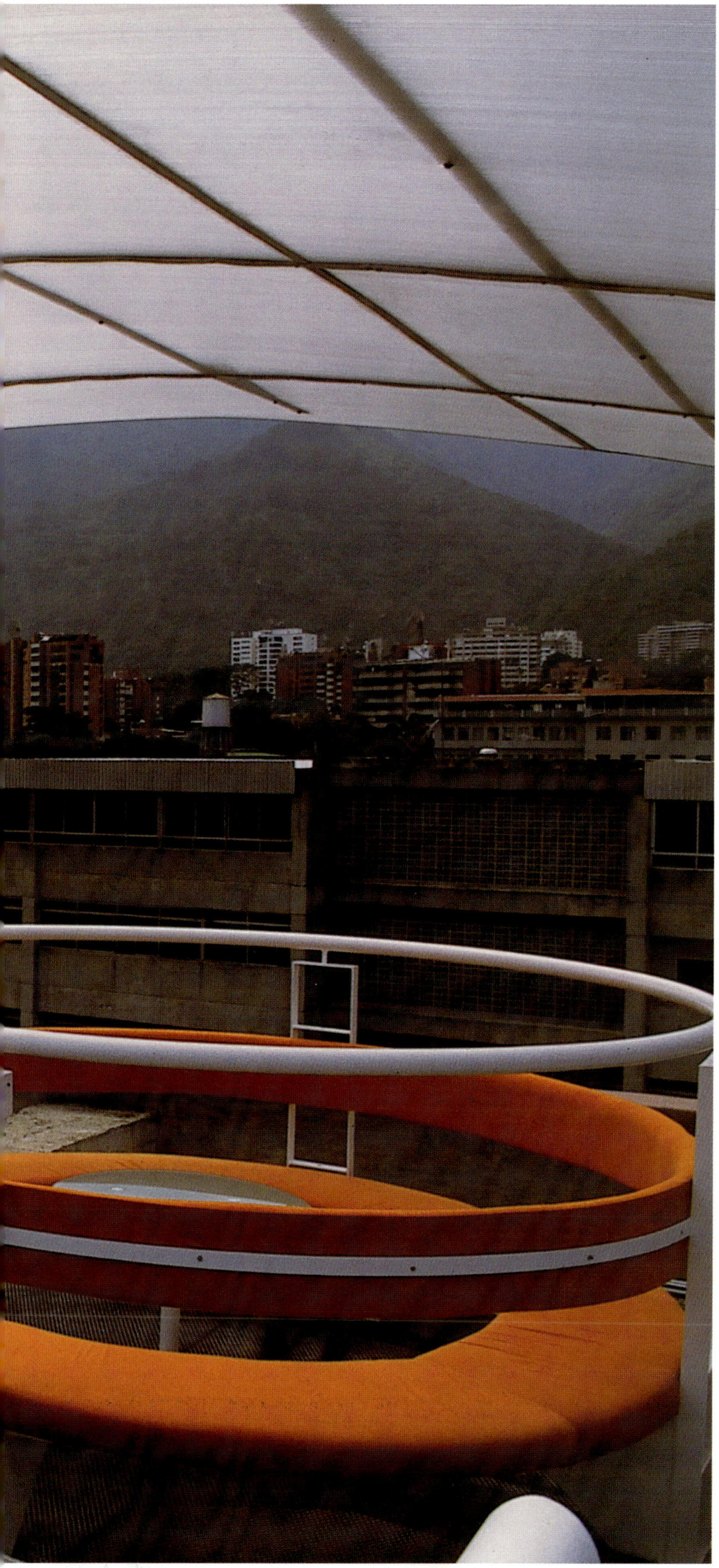

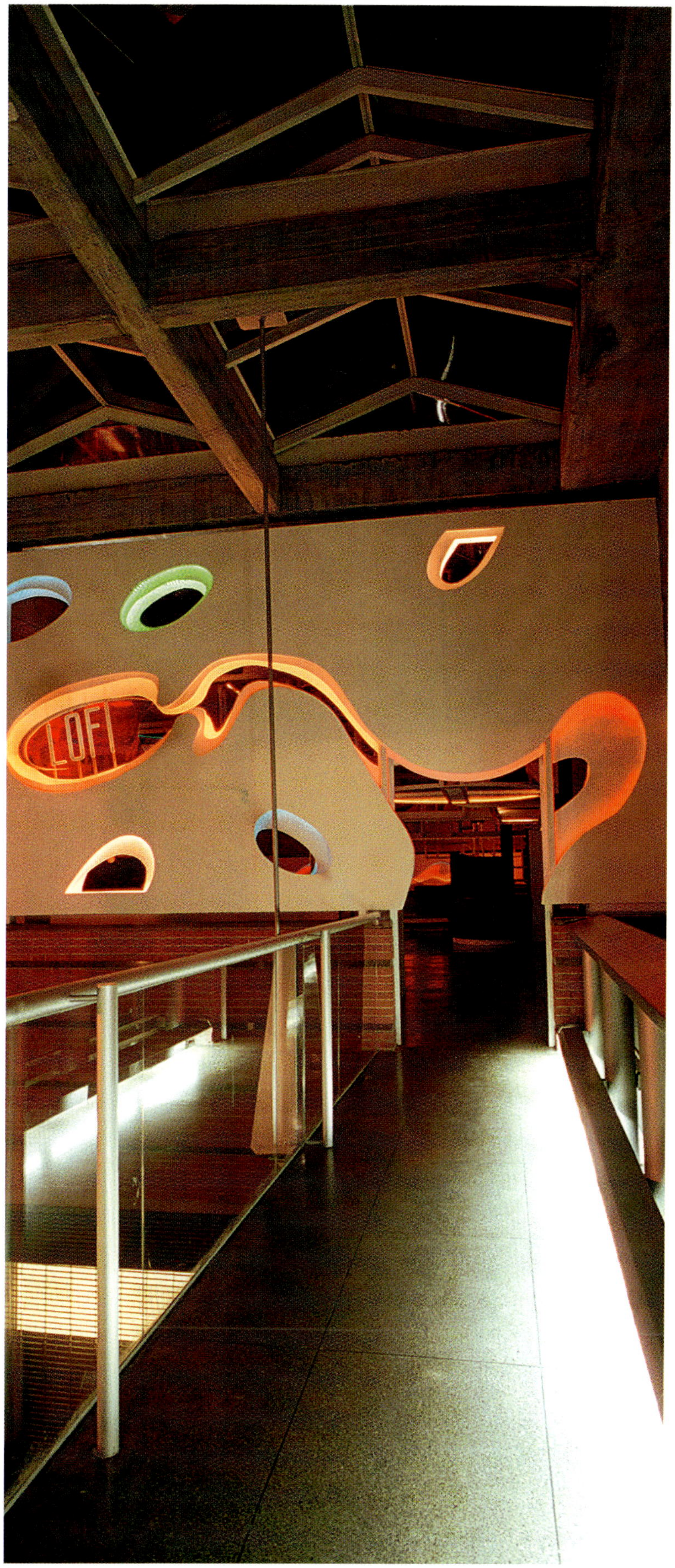
LOFT

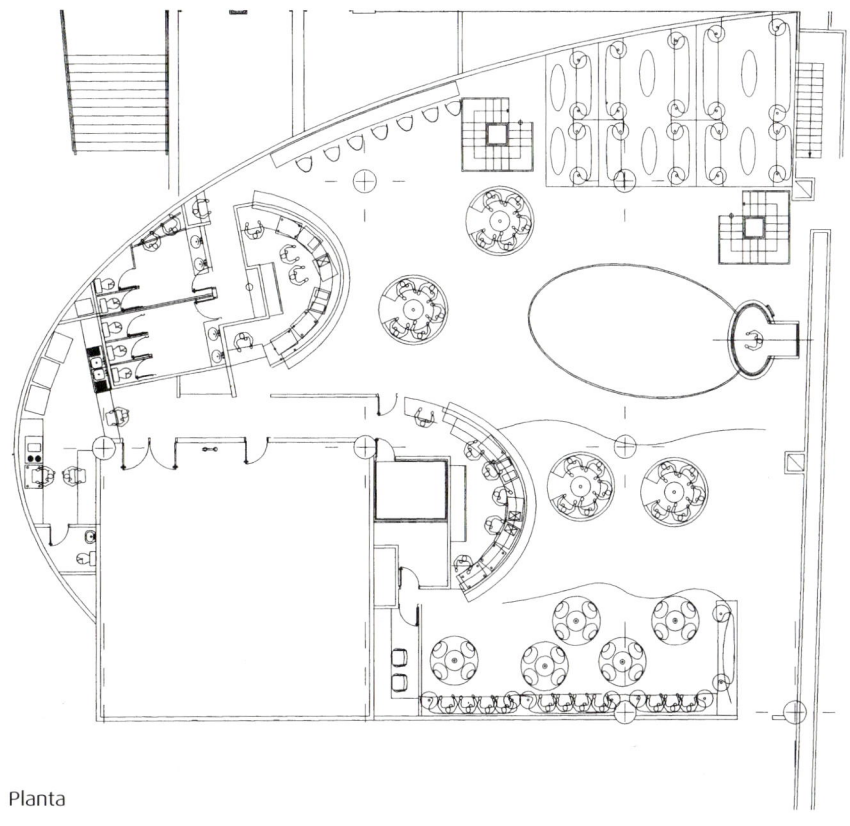

Planta

Avalon

Diseño: D-ASH DESIGN
Fotógrafo: © John Horner
Localización: Nueva York, Estados Unidos

Enclaustrado en una iglesia gótica, el bar presenta un interior que mantiene la estructura que lo acoge y a la vez reinterpreta sus formas trasladándolas al presente.

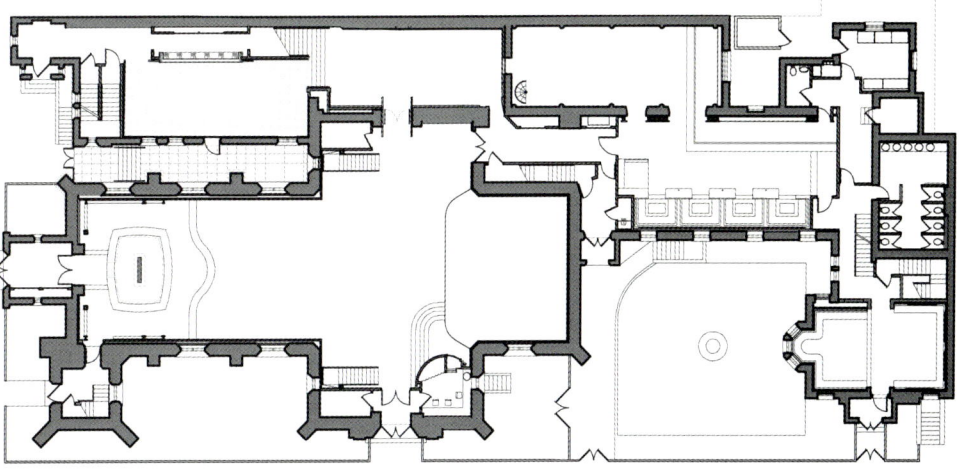

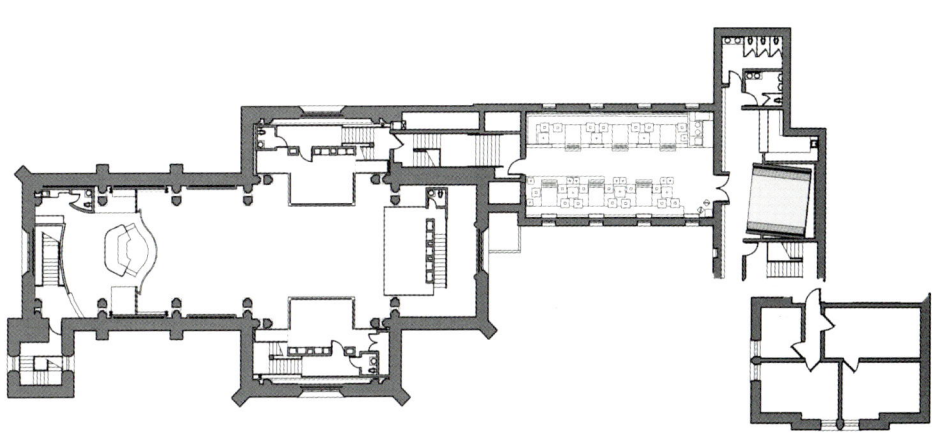

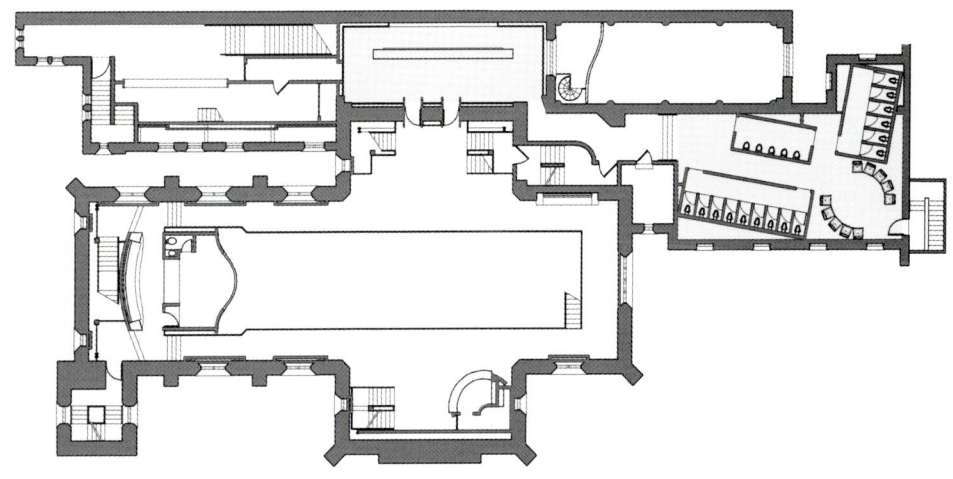

Plantas

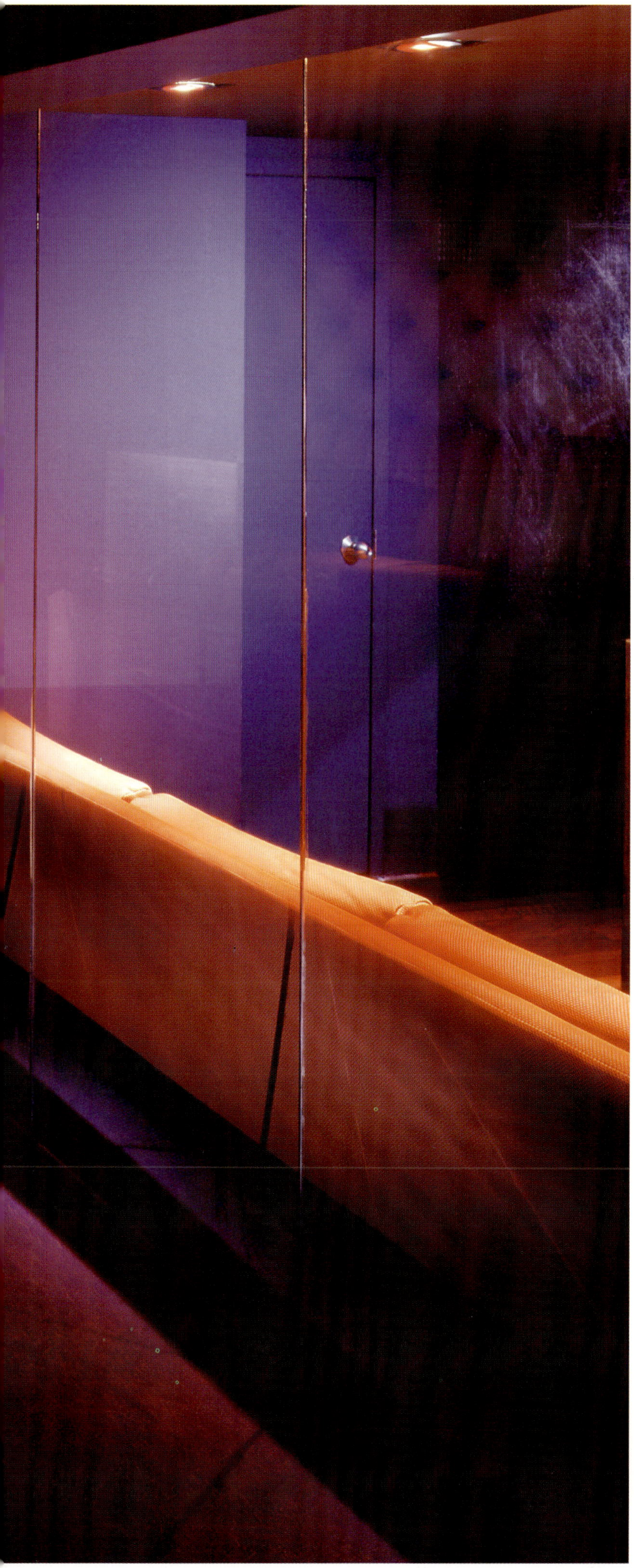

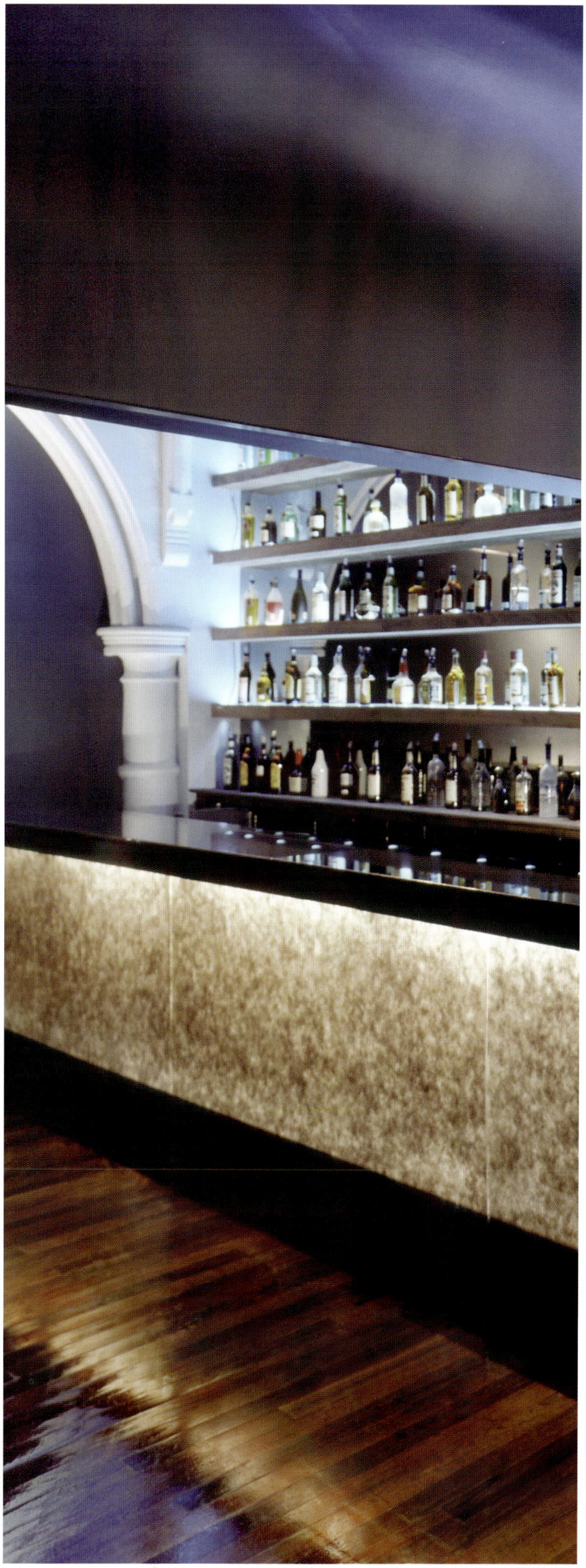

Crobar

Diseño: ICRAVE DESIGN
Fotógrafo: © Frank Oudeman
Localización: Nueva York, Estados Unidos

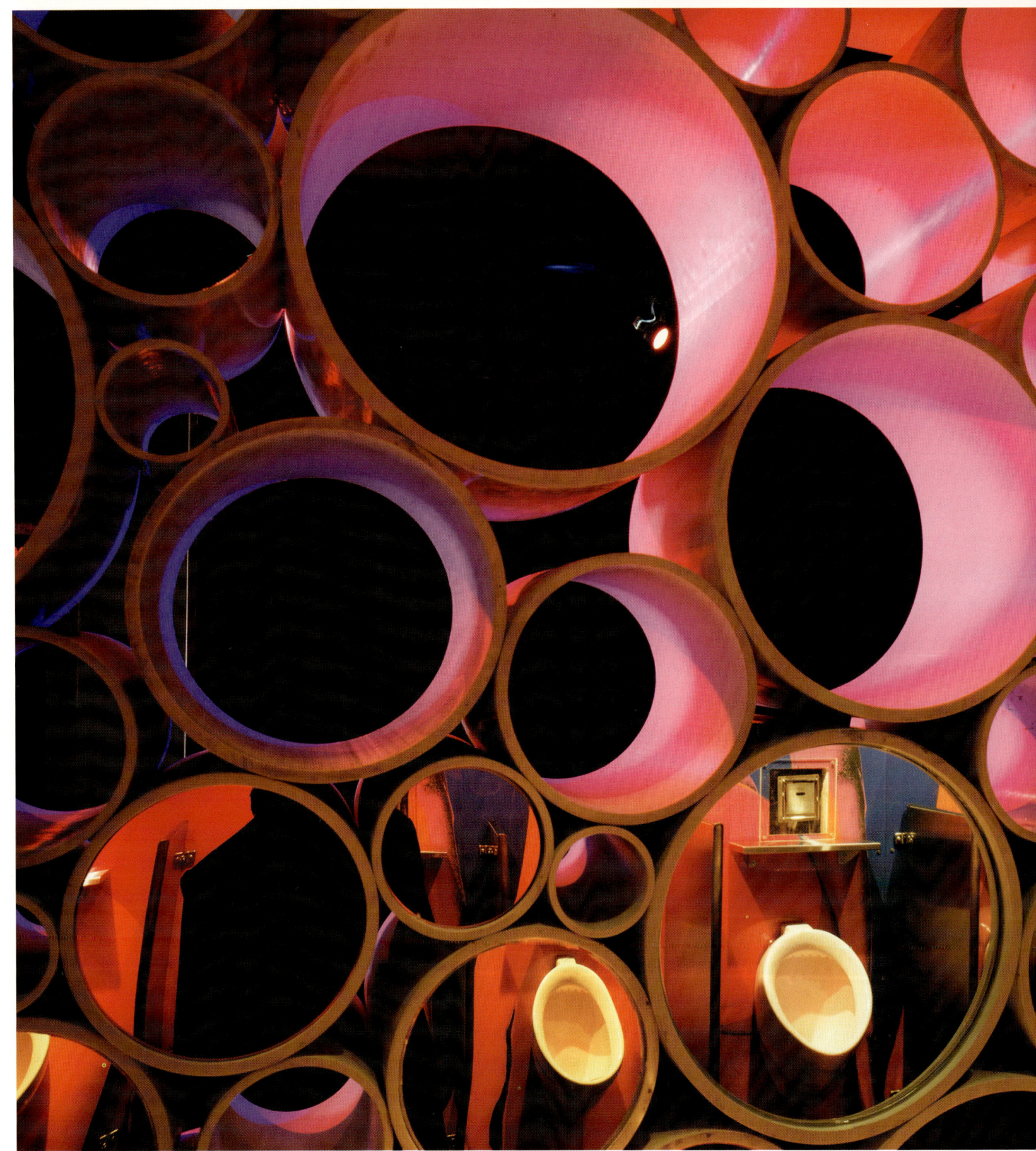

Trazos sinuosos fragmentan este espacio que no cede al sueño de la noche y que insinúa la mirada de ojos que no parpadean y enmarcan ventanas retorcidas en un gesto de recogimiento.

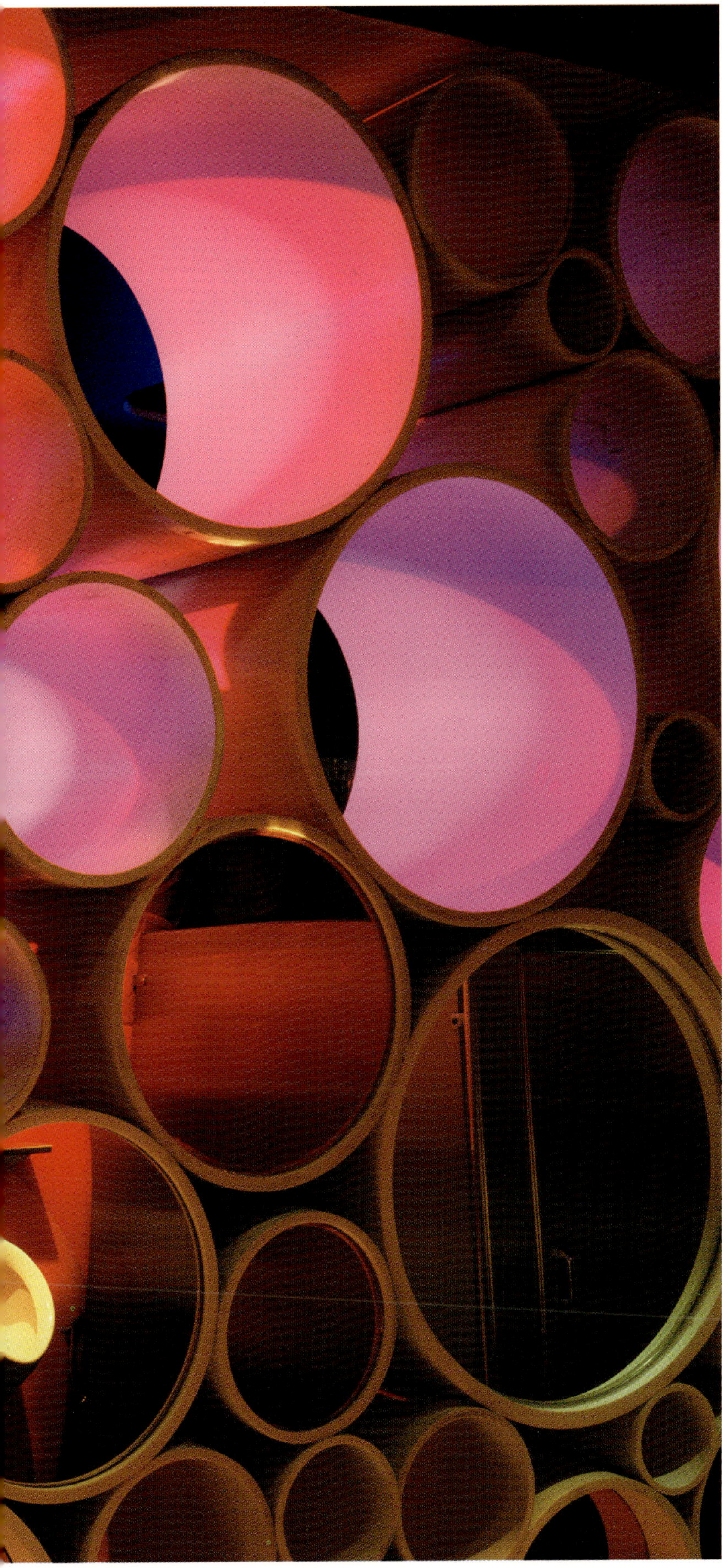

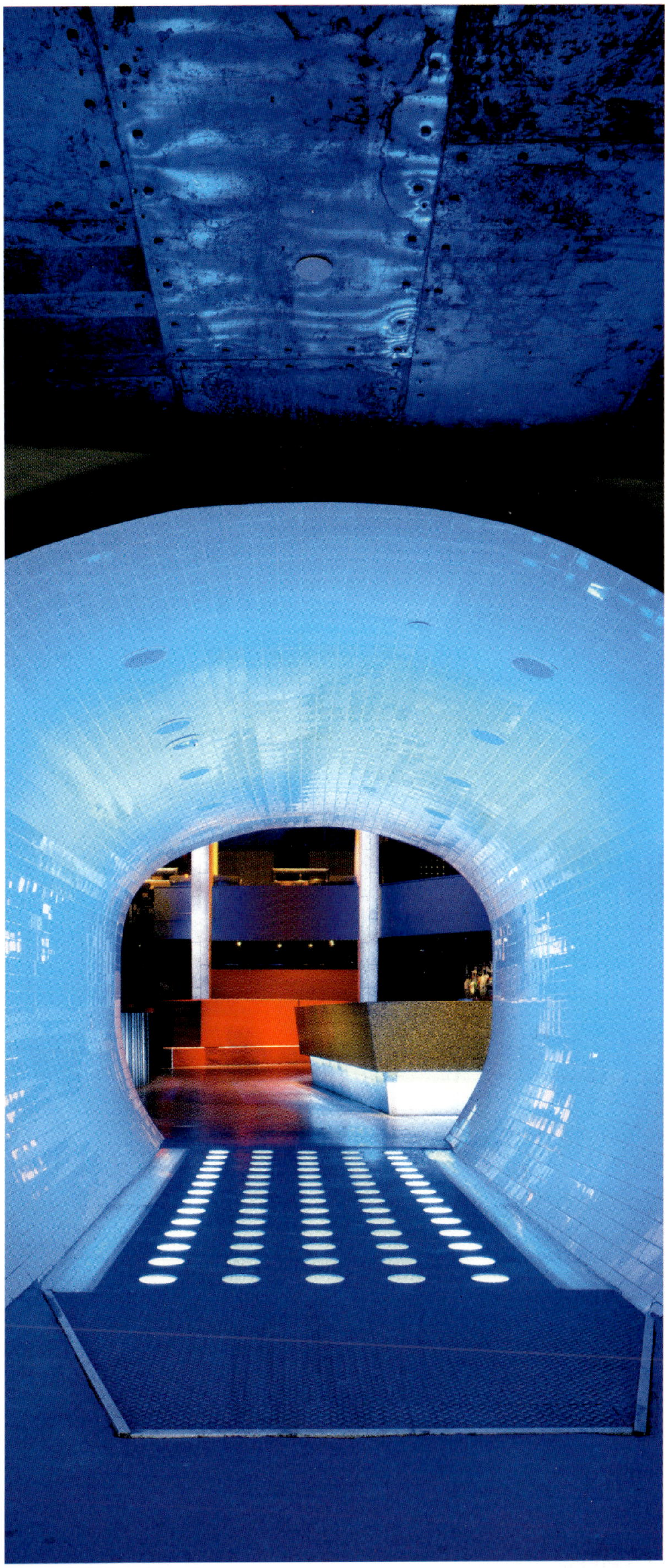

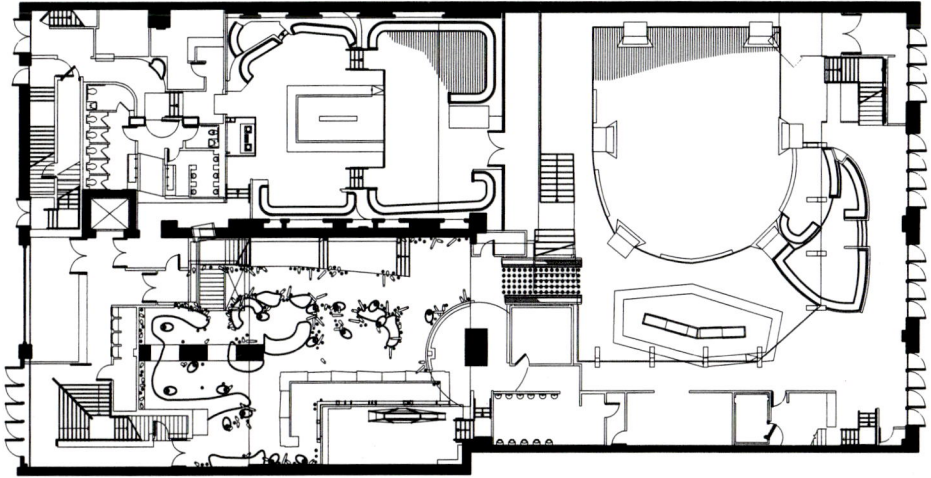

Planta

Red Cat Club

Diseño: TIMPE & WENDLING
Fotógrafo: © Felix Krebs/© Timpe & Wendling
Localización: Mainz, Alemania

En esta cueva se respira el oxígeno que dio vida a los clubs; relegados a la clandestinidad, escondidos en subterráneos o almacenes, entre trompetas jazz y borbotones de alcohol.

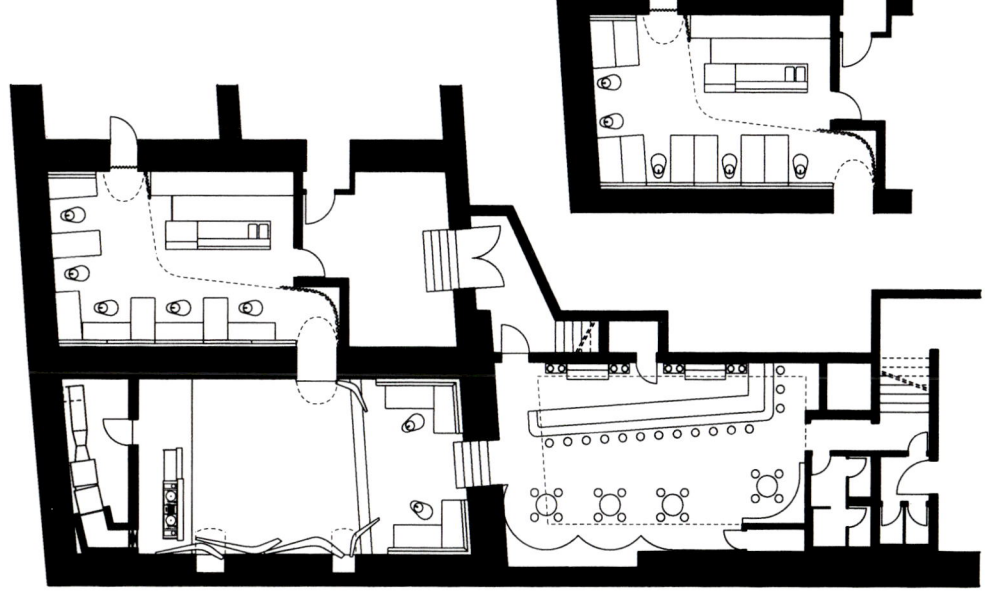

Planta

Sayaka

Diseño: G. BAUTISTA/T. RESTREPO/M. ROA/A. CASALLAS
Fotógrafo: © Alejandro Bahamón/© Paula Galarza
Localización: Bogotá, Colombia

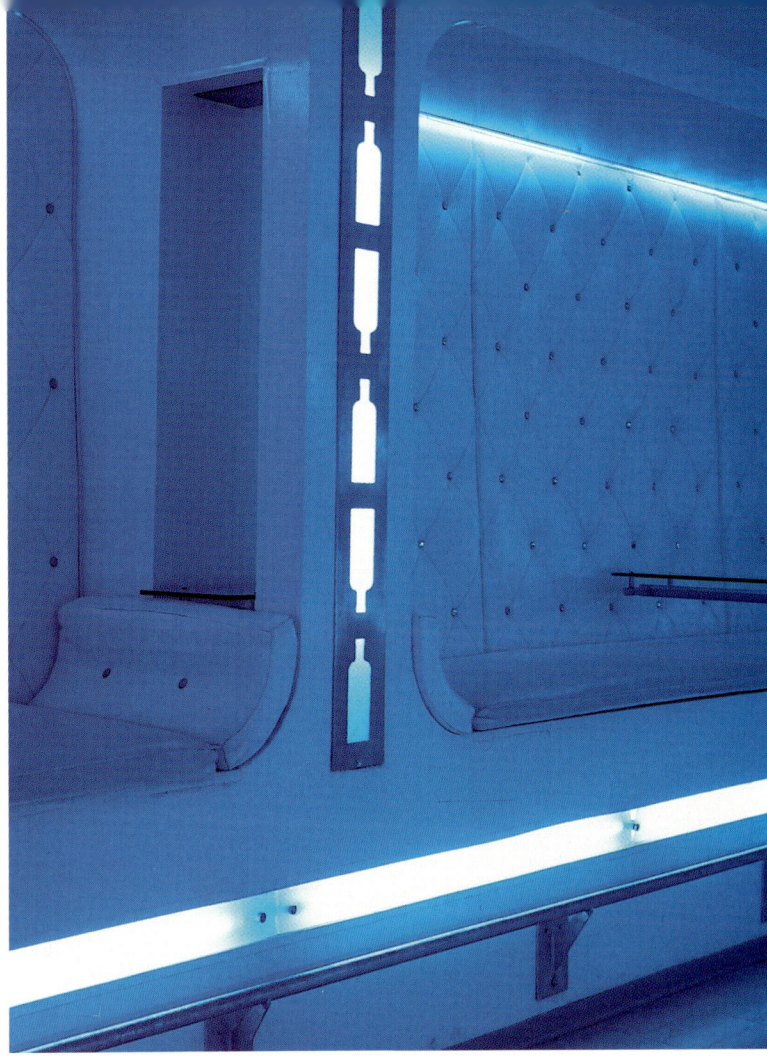
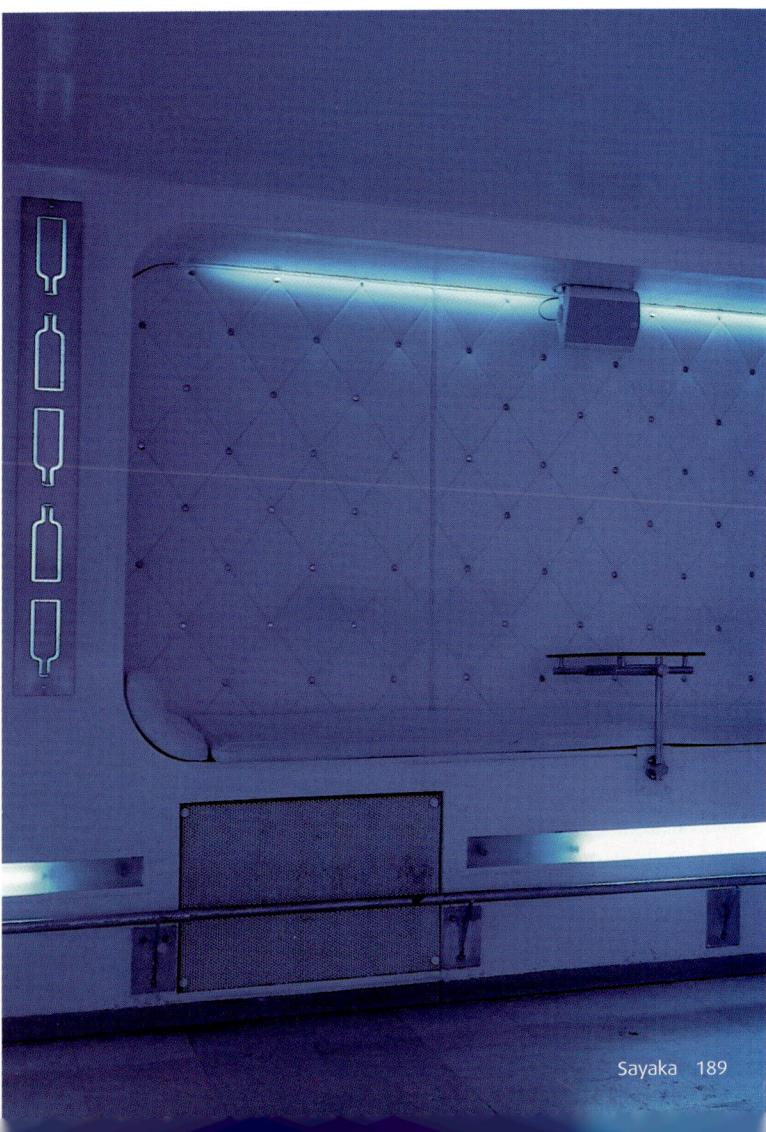

Constreñido por el aislamiento y el aire libre, se dispone un espacio inhóspito, que conserva las grietas de la vejez en su cuerpo joven y atrapa con recelo el silencio y el sol.

Siam

Diseño: GUILLERMO ARIAS
Fotógrafo: © Claudia Uribe/© Axxis
Localización: Bogotá, Colombia

La belleza de la vejez cuidada y desnuda impregna esta casa colonial, sostenida por unas vigas de madera que mantienen la eternidad y el encanto en un espacio minimalista y austero.

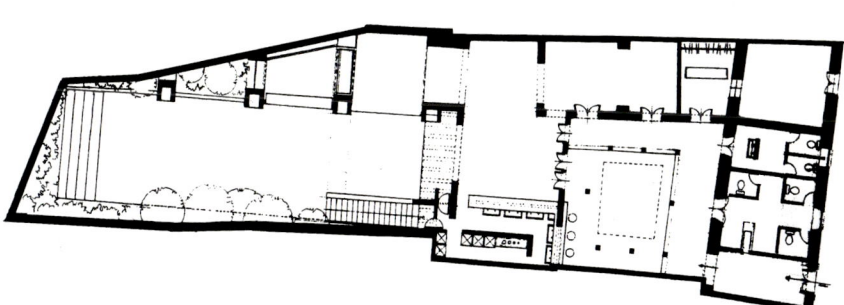

Planta

Club Tallinn

Diseño: HANNES PRAKS/VILLEM VALME
Fotógrafo: © Vahur Puik
Localización: Tallinn, Estonia

Se percibe el roce de la austeridad y el susurro del misterio y se descubren columnas y objetos bajo un tapizado de flores secas y la presencia inhóspita de un árbol en las entrañas.

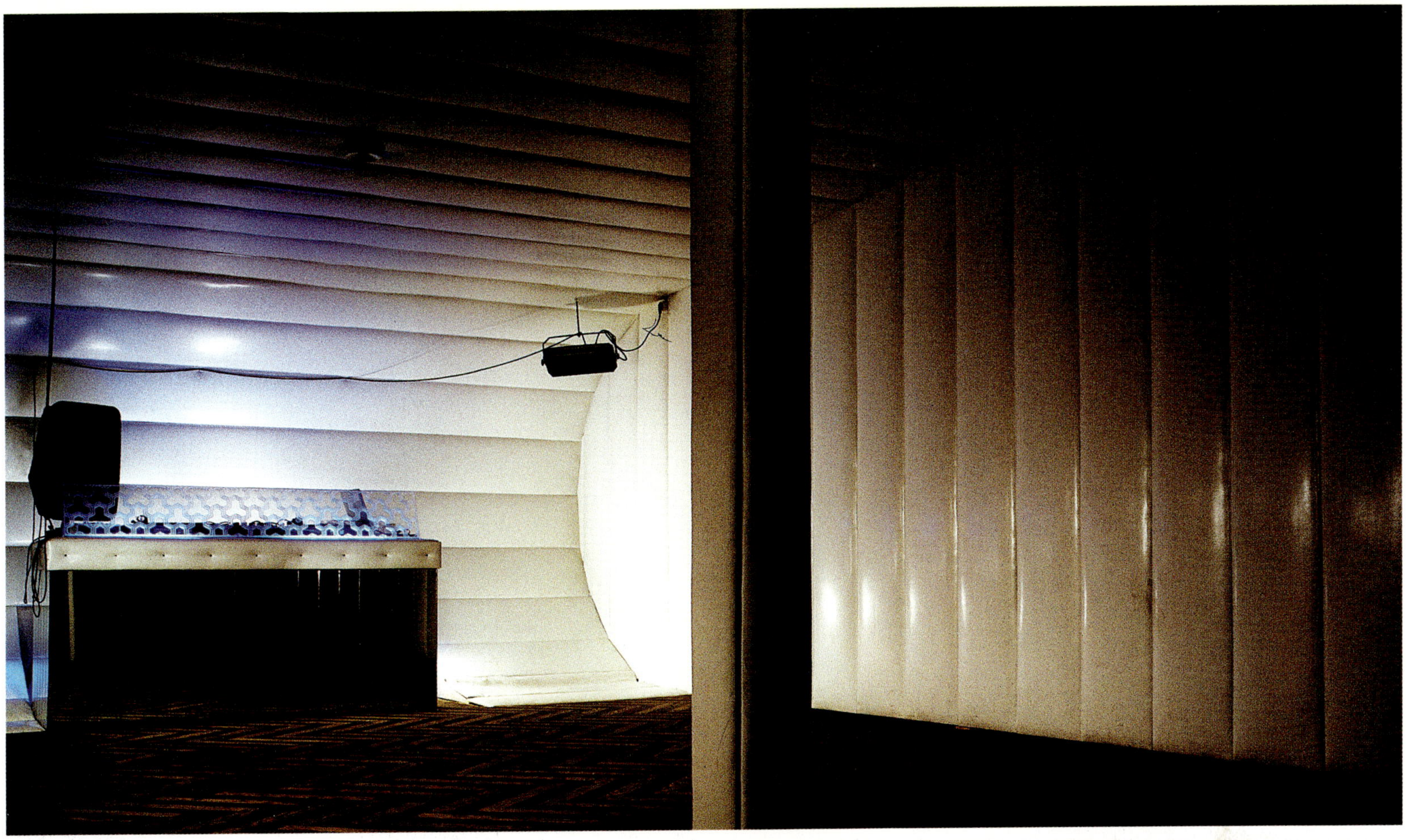

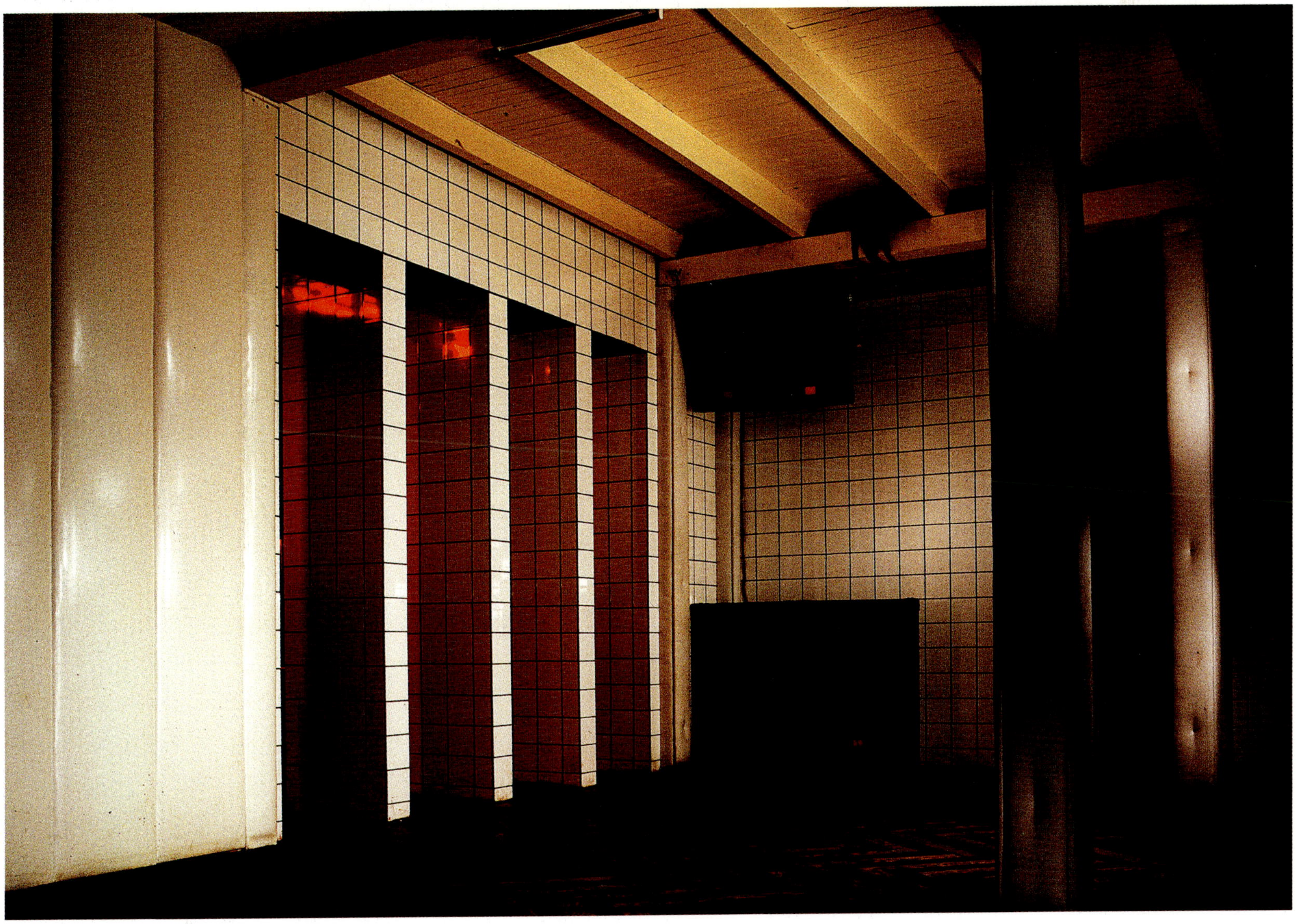

The World Bar

Diseño: ARTHUR DE MATTOS CASAS
Fotógrafo: © Tuca Reinés
Localización: Nueva York, Estados Unidos

Rastros de eternidad de un pedazo de
naturaleza diseccionada en el interior
de un gigante urbano; un rincón perdi-
do entre la inmensidad de una gran
ciudad que se erige hacia los cielos.

Universum Lounge

Diseño: PLAJER & FRANZ STUDIO
Fotógrafo: © Karl Bongartz
Localización: Berlín, Alemania

Ubicado en un espacio histórico de la Bauhaus de los años veinte destinado al cine y al teatro, se despliega un universo nocturno iluminado por referentes que se inspiran en viajes lunares.

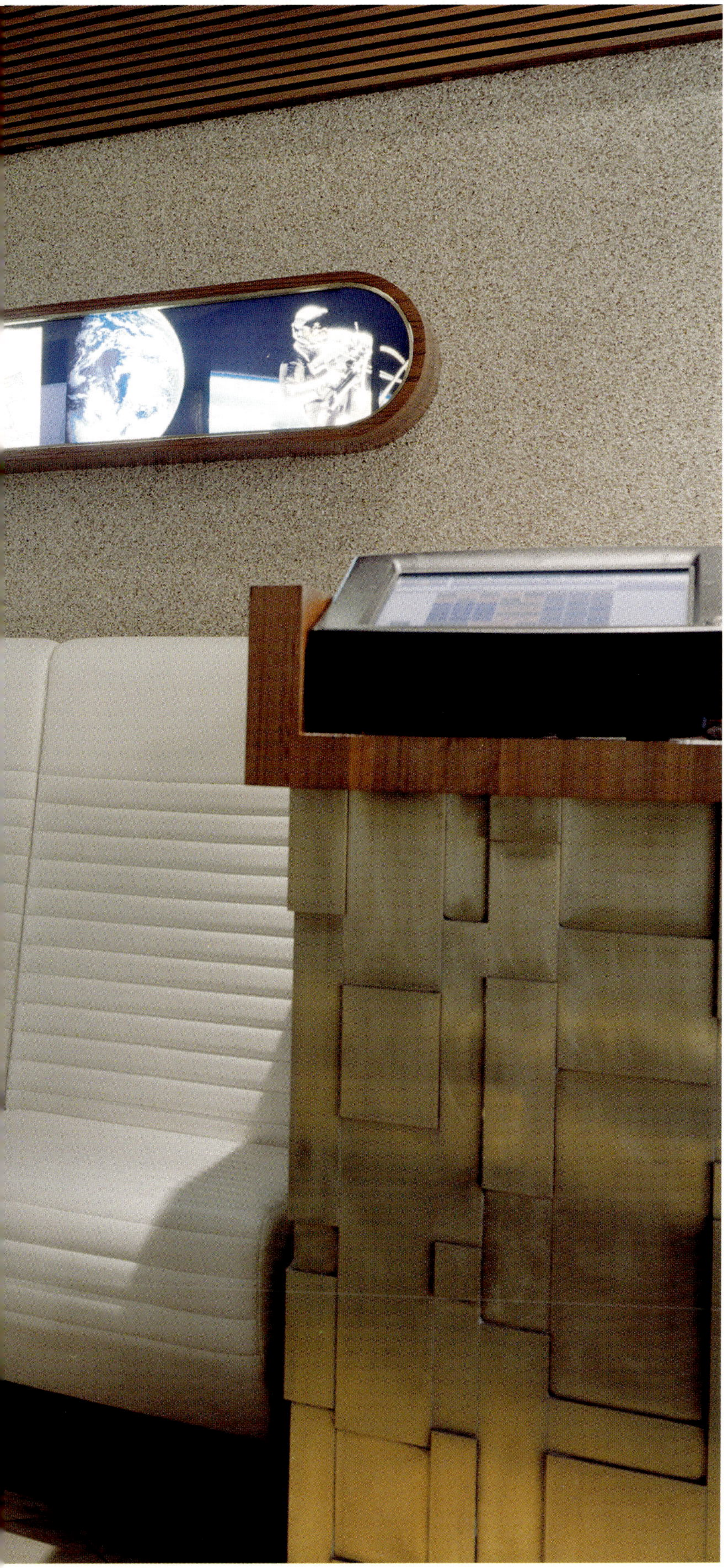

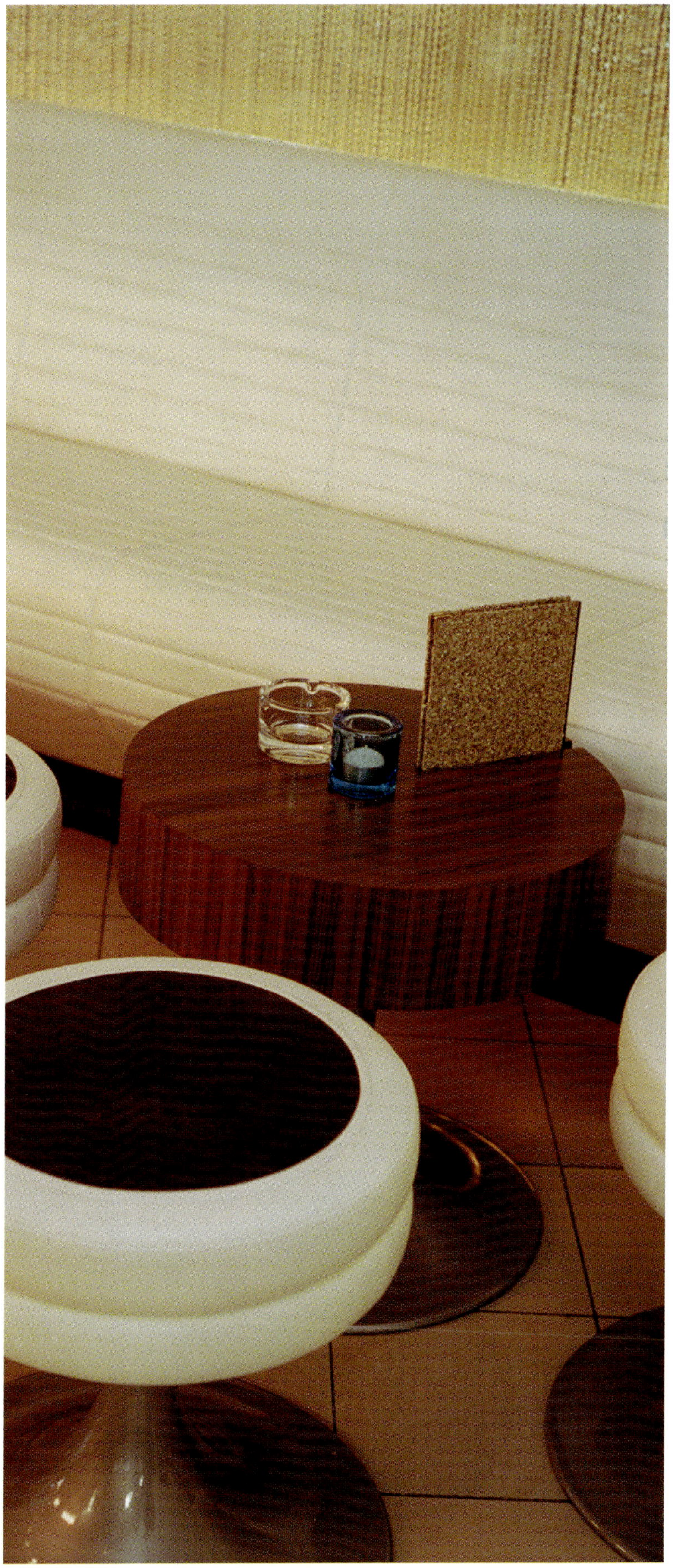

Nasa

Diseño: JOHANNES TORPE
Fotógrafo: © Jens Stoltze
Localización: Copenhague, Dinamarca

Insólitamente vestido de blanco y dejando de lado la oscuridad que suele invadir el diseño interior de los clubes, surge este lugar de apariencia ingrávida y aspecto de nave espacial.

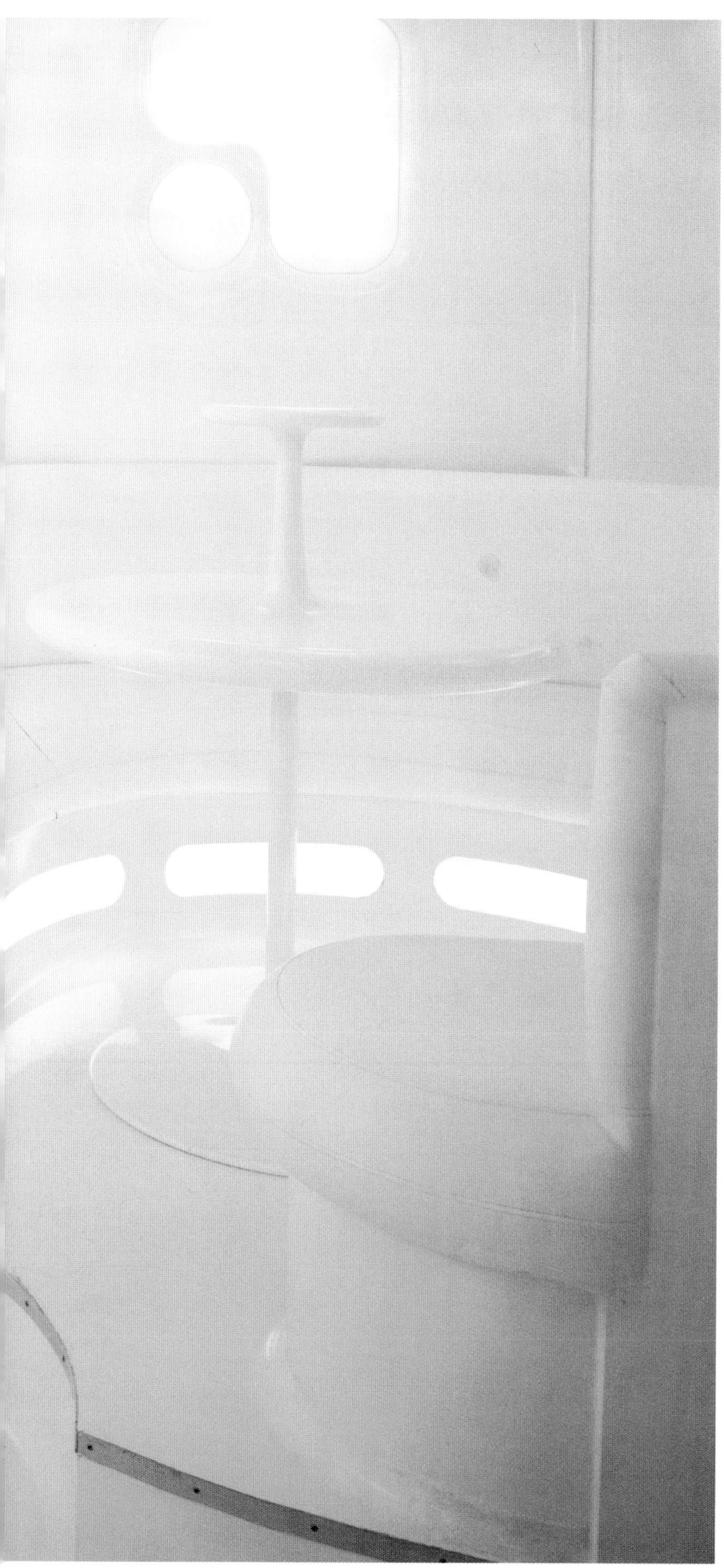
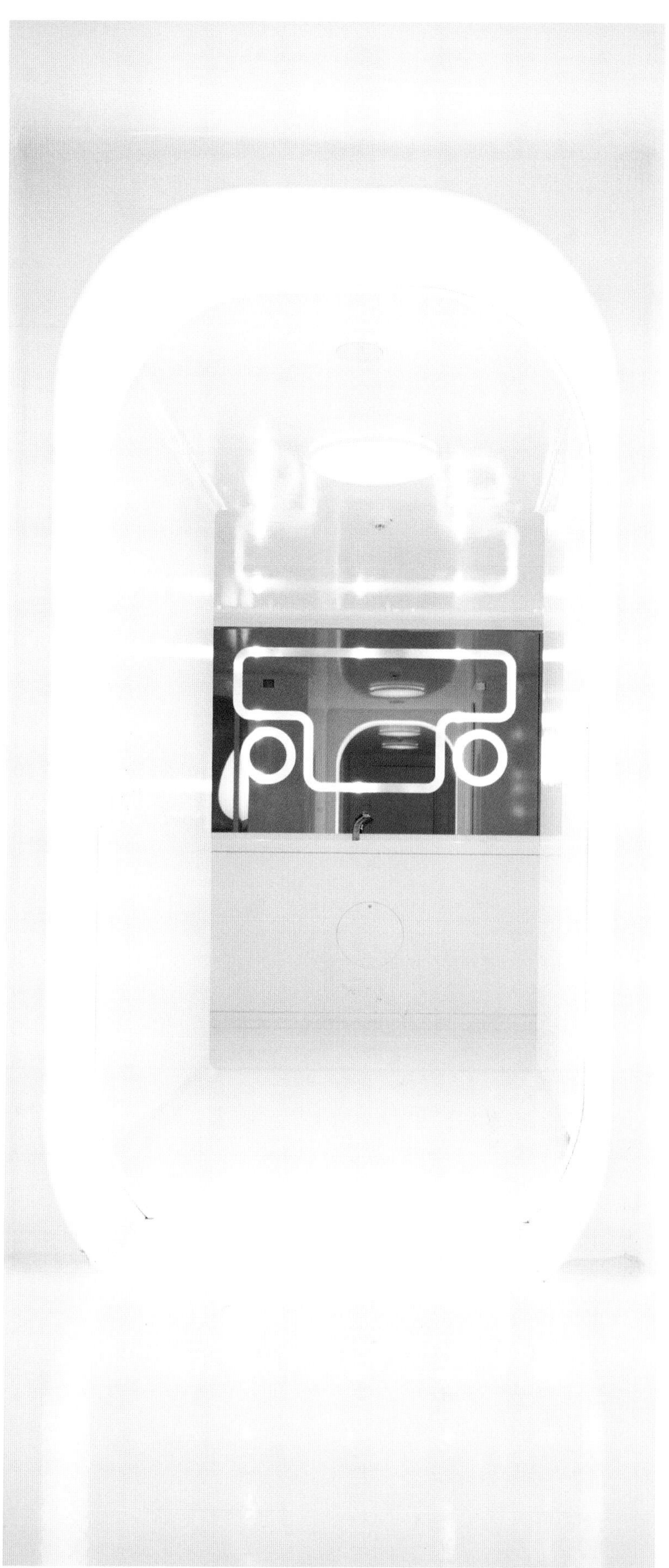

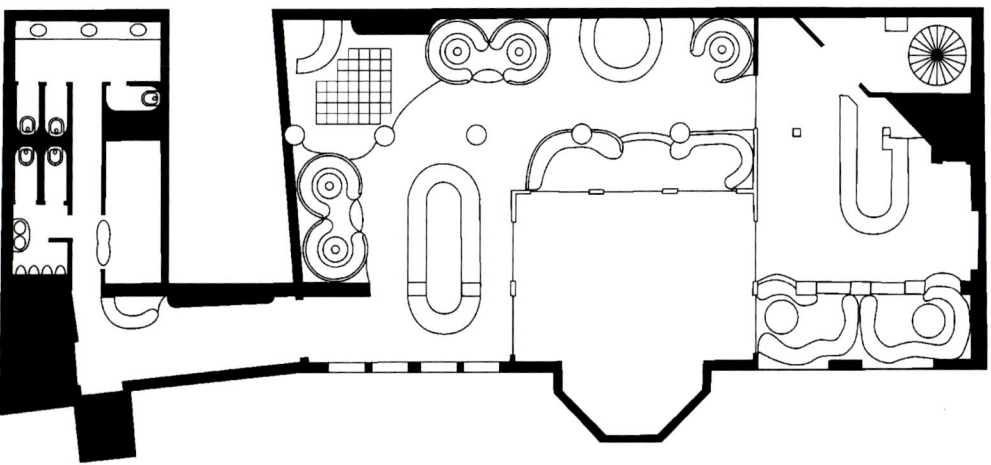

Planta

Bed Supperclub

Diseño: ORBIT DESIGN STUDIO
Fotógrafo: © Christian Richters
Localización: Bangkok, Tailandia

La sutileza mece este espacio abierto,
que se despliega blanco como el papel,
esculpiendo una figura sinuosa, peina-
da con adornos de papiroflexia que
conservan la esencia del ambiente.

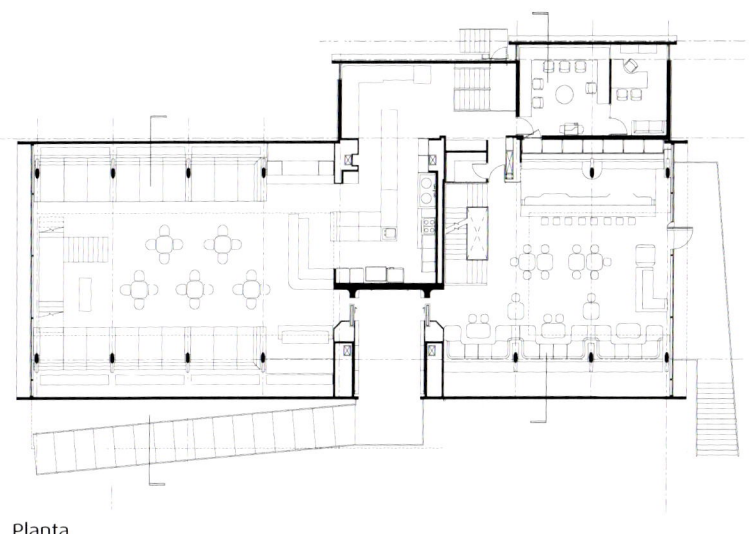

Planta

Astro Bar

Diseño: MICHAEL YOUNG
Fotógrafo: © Ari Magg
Localización: Reikiavik, Islandia

La utilización de técnicas artísticas islandesas para la manipulación del hormigón y el acero perfila los contornos de un picnic o una piscina como si nacieran de una masa de plastilina.

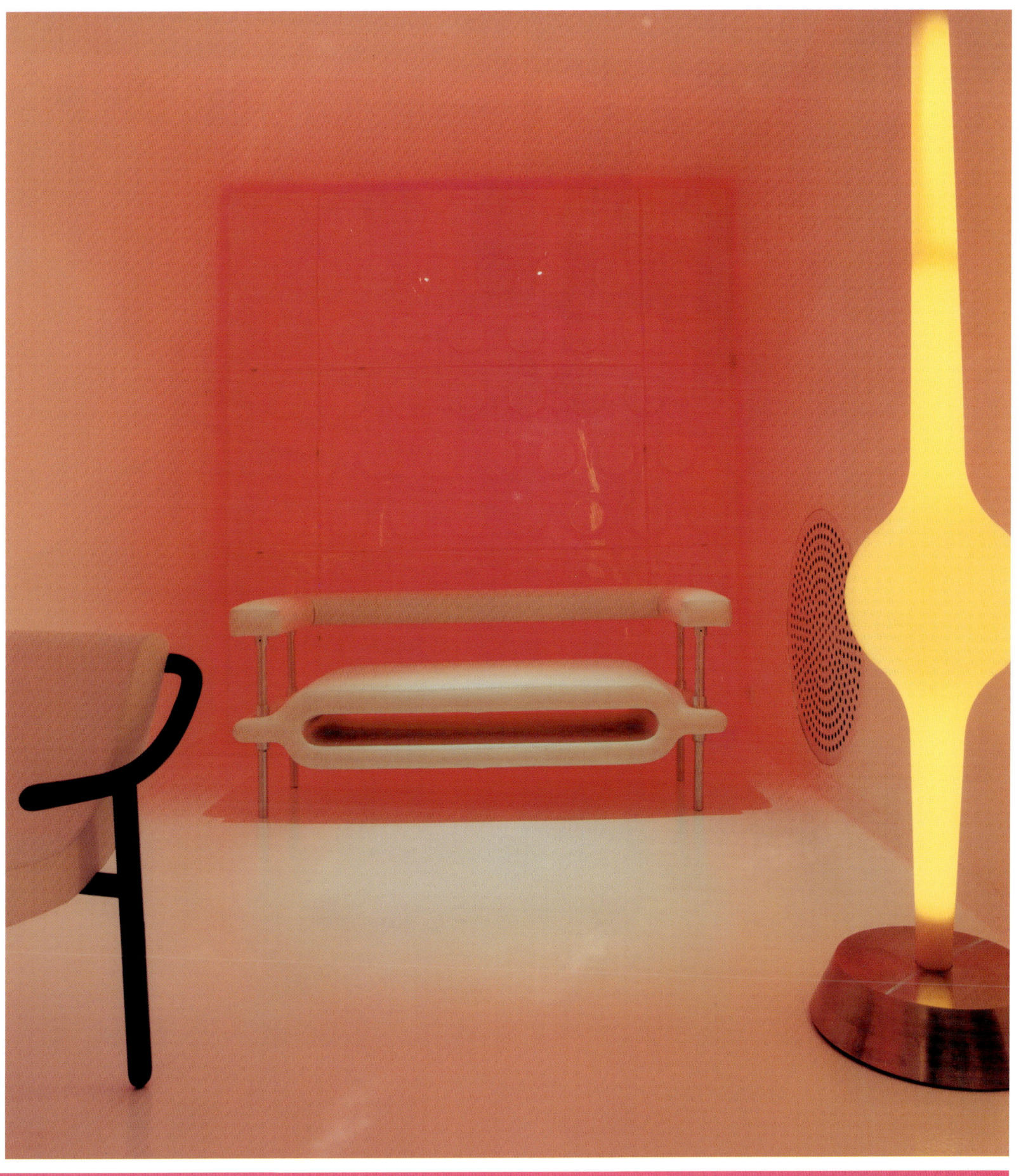

Secciones

Planta baja

Secciones

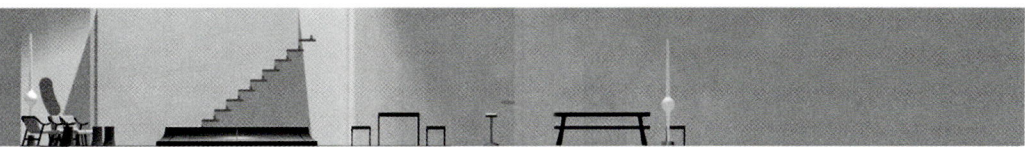

Le Petit Café

Diseño: CHRISTIAN BIECHER
Fotógrafo: © Jean-Luc Mabit /© Jean-Marie Monthiers /© Dorothea Resch/© Omnia
Localización: París, Francia

Cerca del intimismo de los cafés de principios del siglo XX de París, la vida se descubre ante una pequeña plaza, que prolonga el recogimiento interior y permite acoger exposiciones.

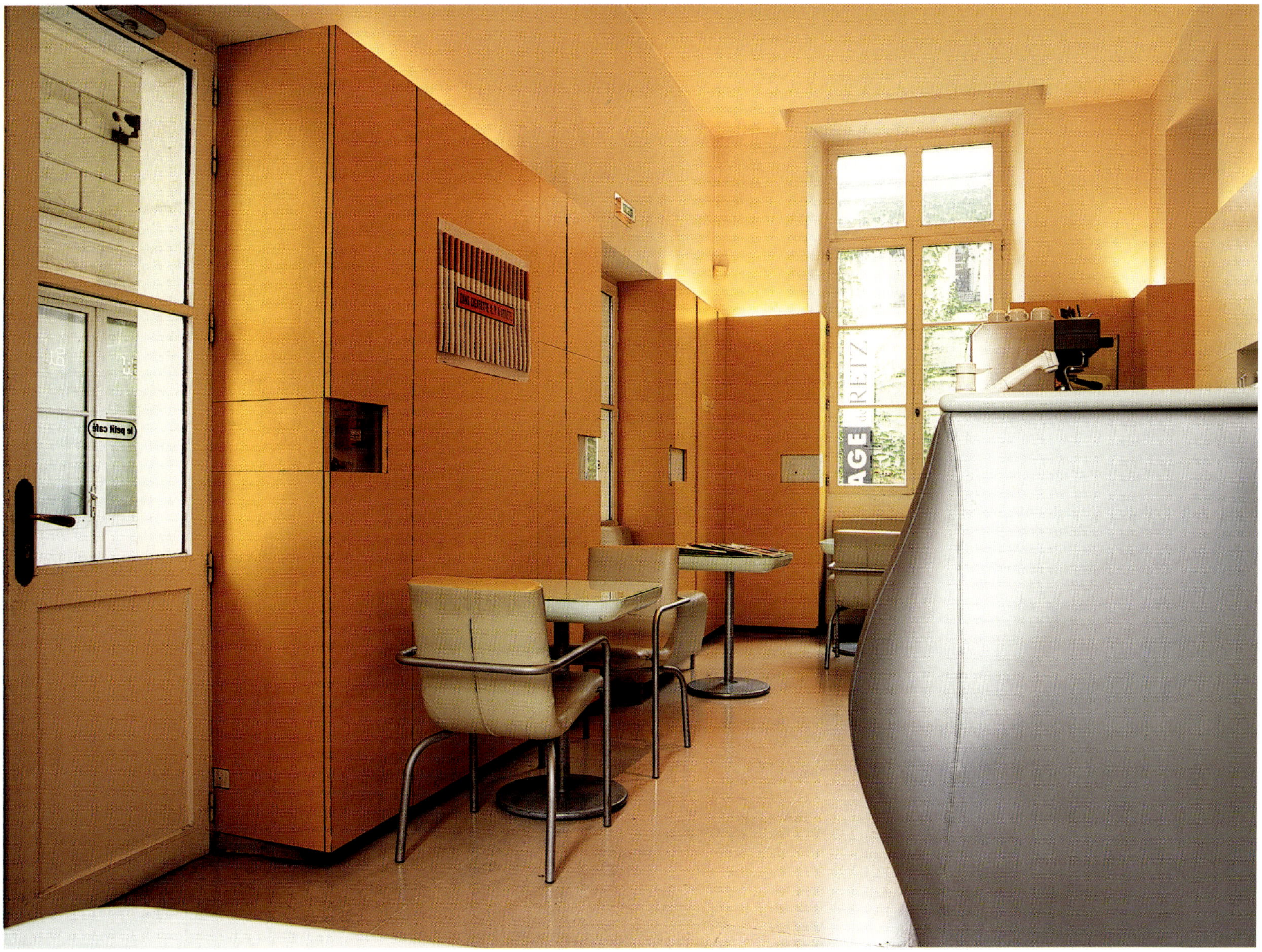

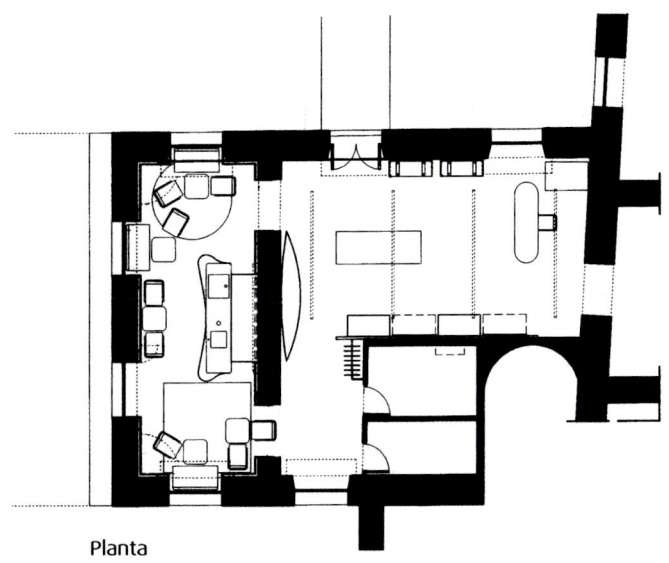

Planta

Prochaine exposition

**L'or avec le fer
Les savoir-faire d'Olivier Gagnère**

du 25 juin au 7 septembre 2003

le petit café

Bar Norman

Diseño: JAM DESIGN
Fotógrafo: © James Winspear/© View
Localización: Leeds, Reino Unido

La vida de la calle entra silenciosa al interior de este bar; escaparate, a su vez, del exterior, escena de la cotidianeidad urbana y objeto de ojos perdidos y miradas ocultas.

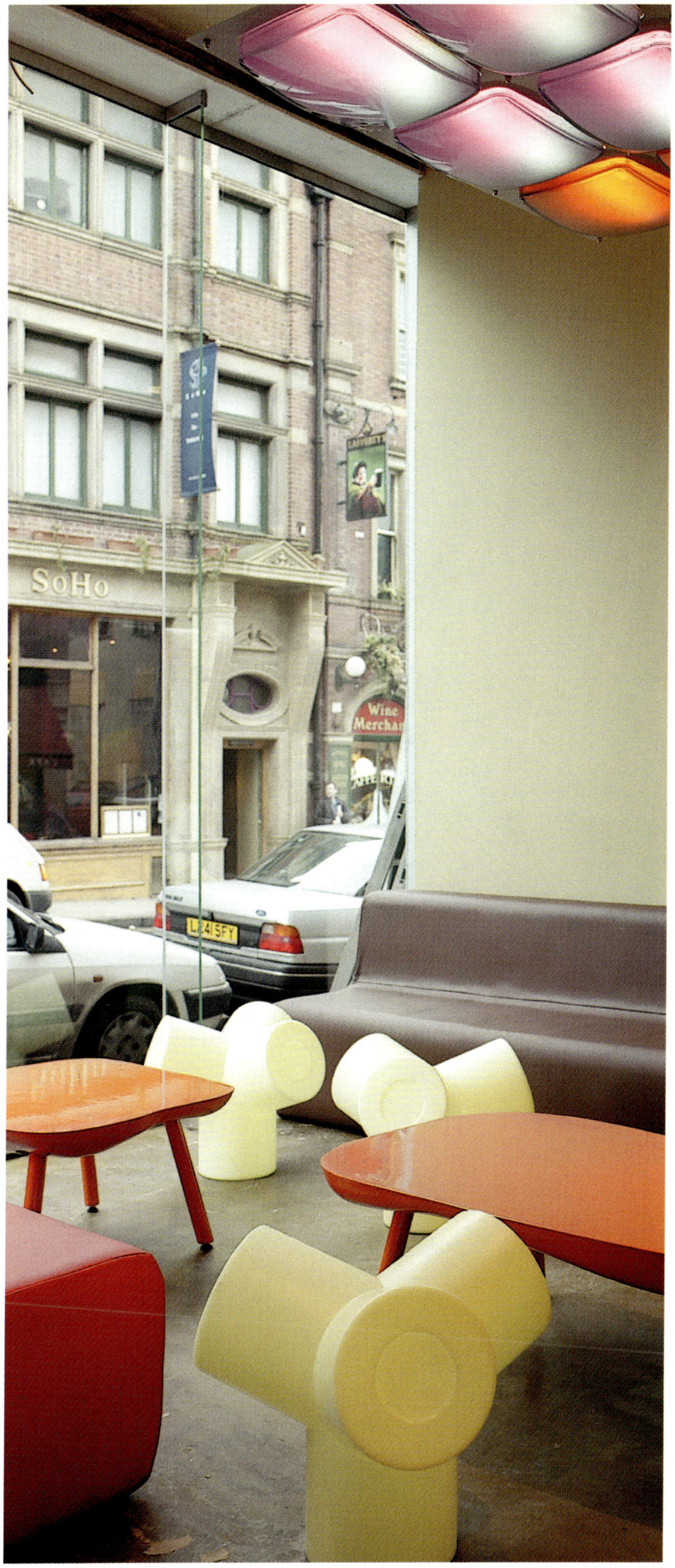
SoHo

Happy Bar

Diseño: MATALI CRASSET
Fotógrafo: © Uwe Spoering
Localización: Niza, Francia

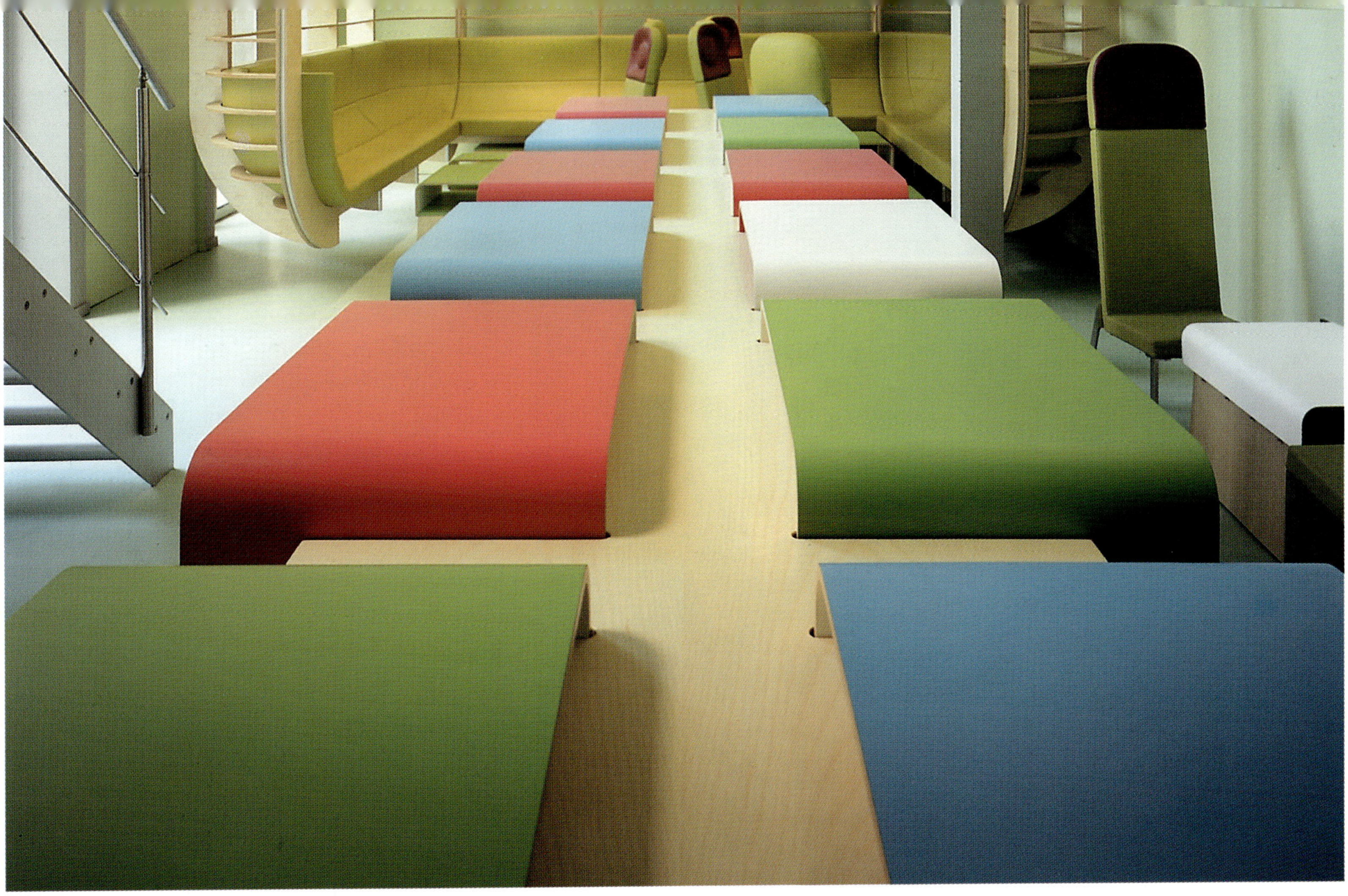

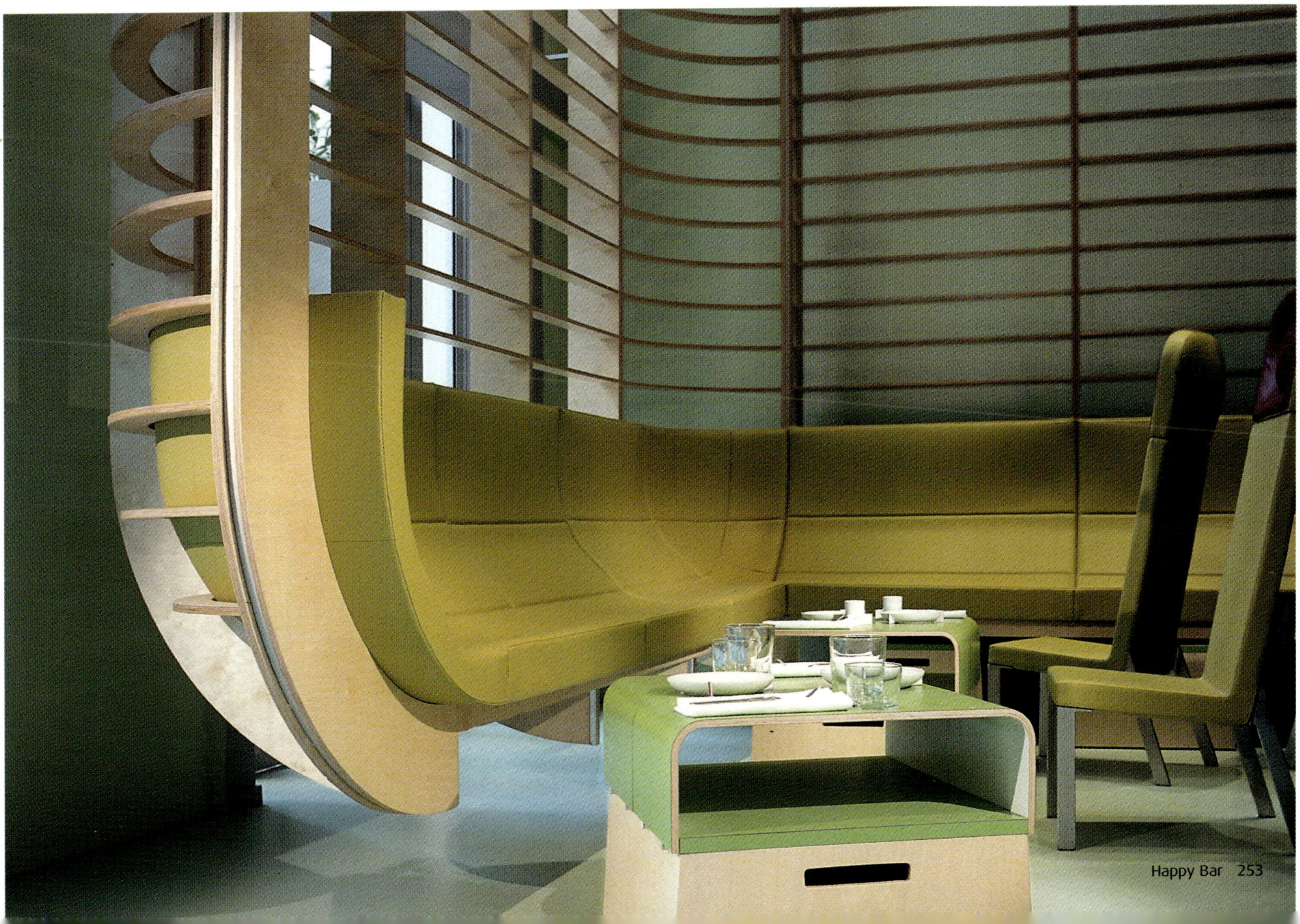

Se percibe un espacio lúdico que con-
tiene las risas, las despreocupaciones,
los sueños, los colores vivos de juegos
infantiles, la inquietud de pequeños
personajes de guarderías y escuelas.

Marlin

Diseño: BARBARA HULANICKI
Fotógrafo: © Pep Escoda
Localización: Miami, Estados Unidos

Moose Jaw
Canada

Ocho Rios
Jamaica

South
Beach

Hollywood
California

Dentro de un hotel art déco, se desmiembran las diferentes áreas ocupadas por una cafetería, un bar y un restaurante, atadas por la ausencia de color y el tiempo que une el día a la noche.

Ffour

Diseño: PLAYGROUND
Fotógrafo: © Derek Swallwell
Localización: Melbourne, Australia

Si se hiciera un fundido en negro en este escenario escultural, se vería al Doctor Caligari en su universo de ángulos agudos, en una realidad distorsionada que se adaptada a su propia mirada.

Cielo

Diseño: DUPOUX DESIGN
Fotógrafo: © Roger Casas
Localización: Nueva York, Estados Unidos

Fragmentos cilíndricos opacos y de luz componen el conjunto de este cielo más cercano a los subterráneos placenteros del infierno que a las alturas impasibles del firmamento.

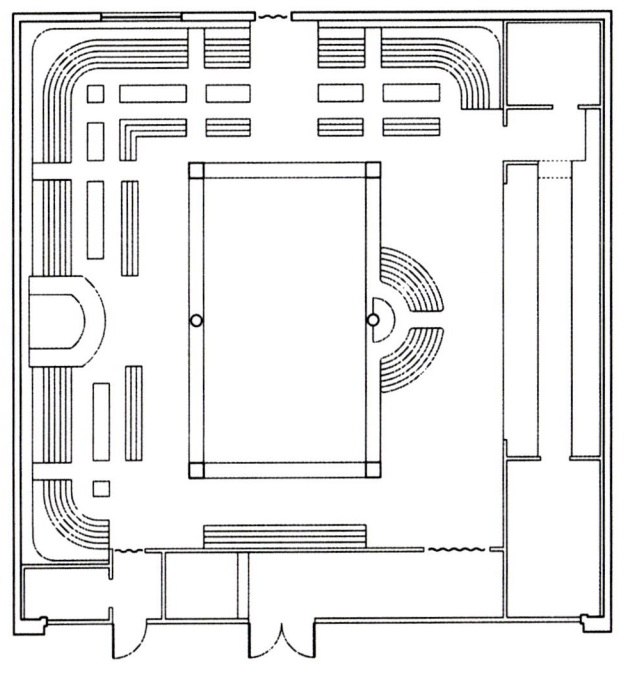

Planta baja

Bond Bar

Diseño: PLAYGROUND
Fotógrafo: © Shania Shegedyn
Localización: Melbourne, Australia

En el interior de un edificio de oficinas aparece este bar sinuoso e insinuante, de contorno curvo y perfil comple-mentario al cuerpo humano.

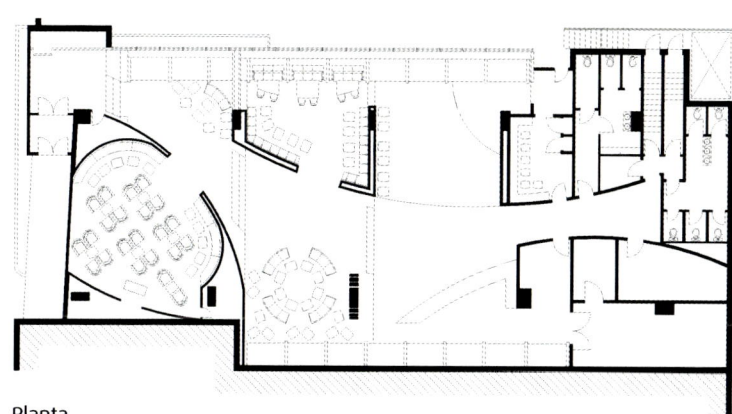

Planta

Supergeil Bar

Diseño: JOHANNES TORPE
Fotógrafo: © Jens Stoltze
Localización: Copenhague, Dinamarca

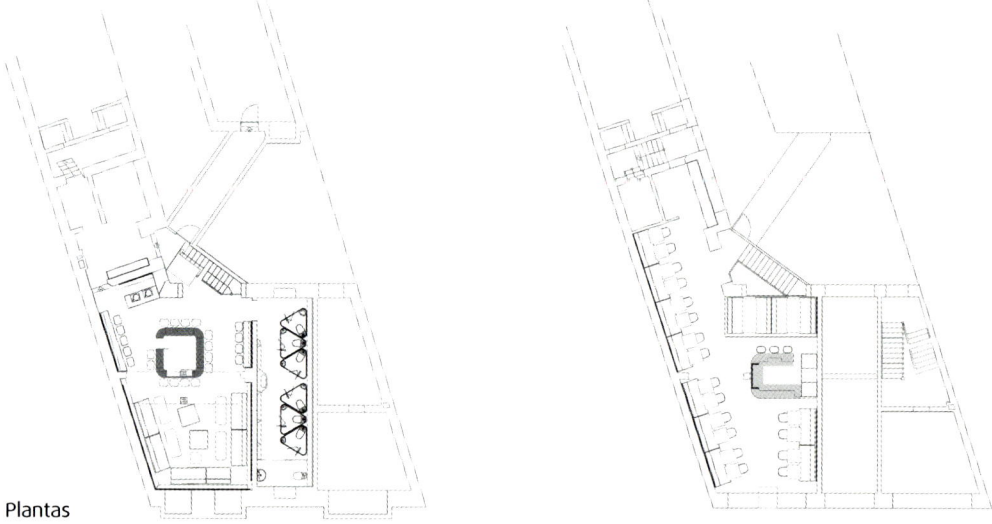

Plantas

Siguiendo el movimiento sinuoso de las curvas de una mujer nace este espacio orgánico, de sutil dinamismo, que puede modificar el contorno del local.

Condé Nast

Diseño: FRANK O. GEHRY
Fotógrafo: © Eduard Hueber/Archphoto
Localización: Nueva York, Estados Unidos

En una de las plantas de la editorial Condé Nast Publishing, se sitúa este bar de paredes de cristal curvadas, que en su transparencia discreta e insinuante muestra y resguarda.

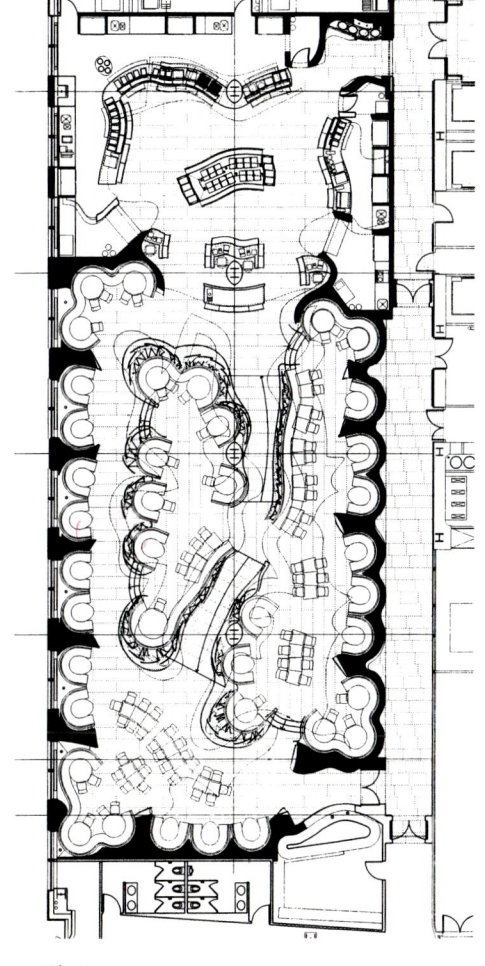

Planta

Lotus

Diseño: WAYNE FINSCHI
Fotógrafo: © Shania Shegedyn
Localización: Melbourne, Australia

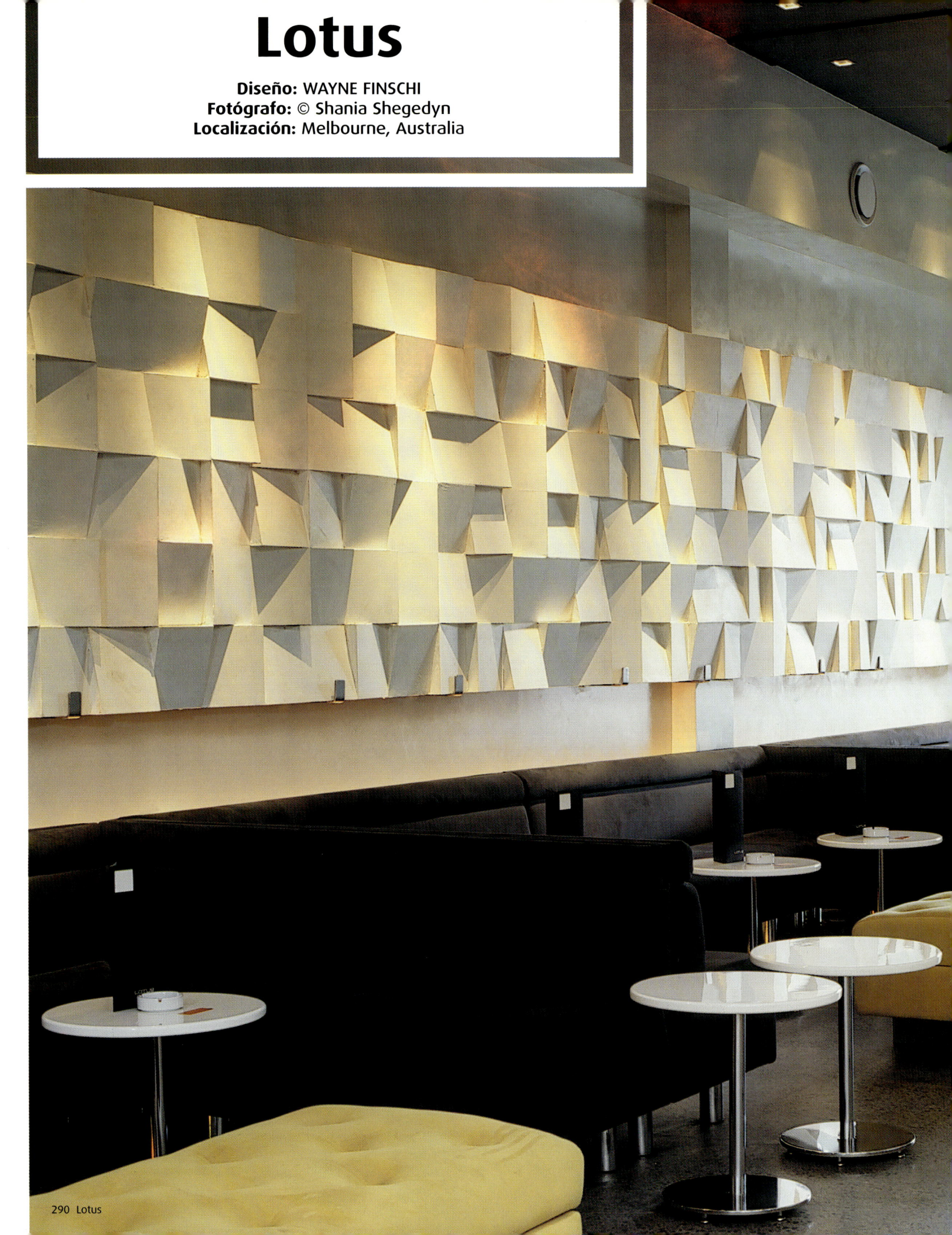

Formas esculturales dan cuerpo a la
particularidad de este espacio, que se
define por la riqueza ilimitada de las
múltiples disciplinas que caracterizan
el arte posmoderno.

Oler y degustar

Perfumes y sabores

Nektar

Diseño: JULIA HÖLZ/PATRICK FERRIER
Fotógrafo: © D. Henthorne/© B. Monn/© M. Saumweber
Localización: Munich, Alemania

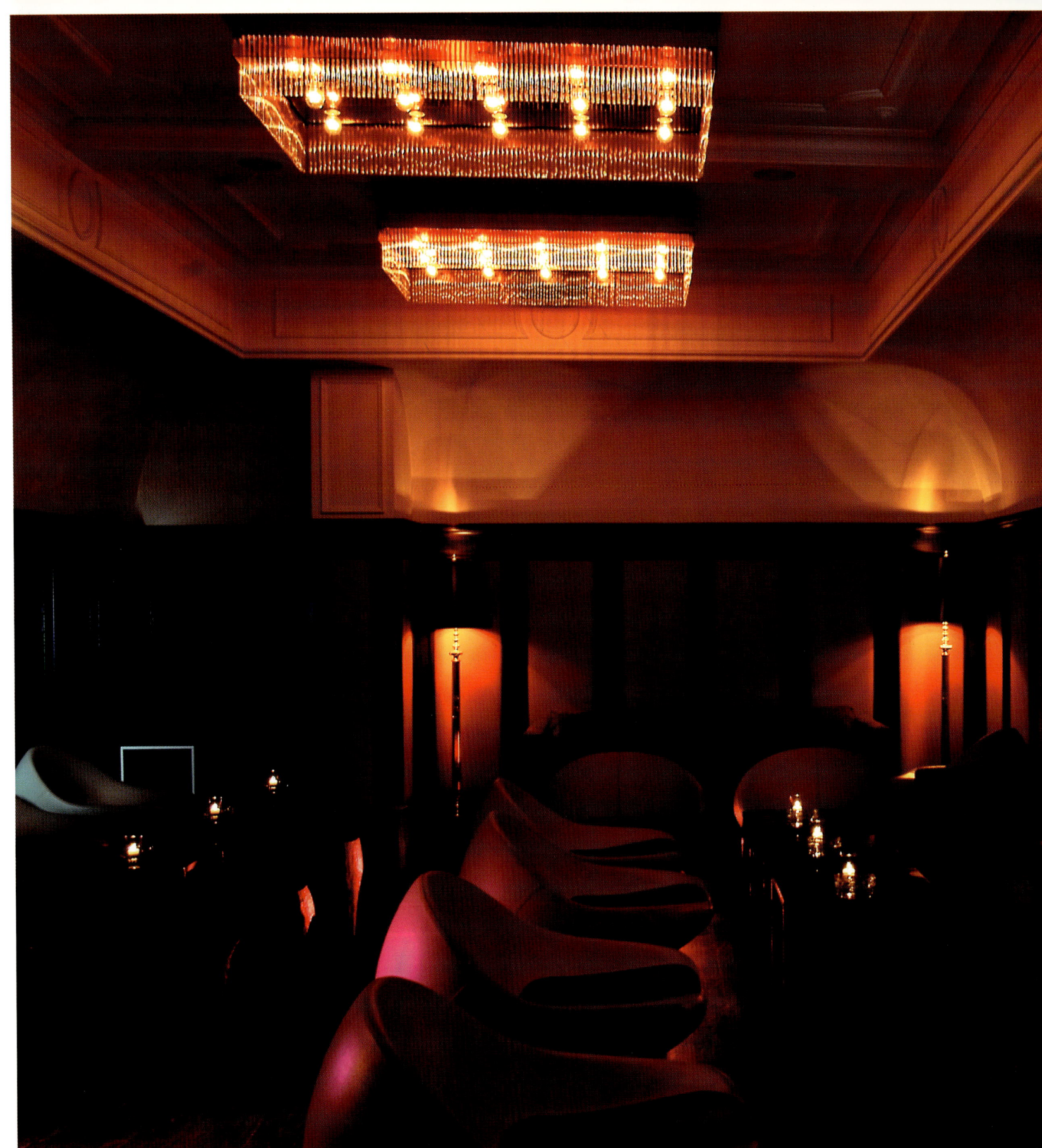

Una sola cama rodeada de cojines esparcidos por todo el interior de este ejemplo de restaurante chill out, que traslada el placer de la comida a la hora de sonámbulos y noctámbulos.

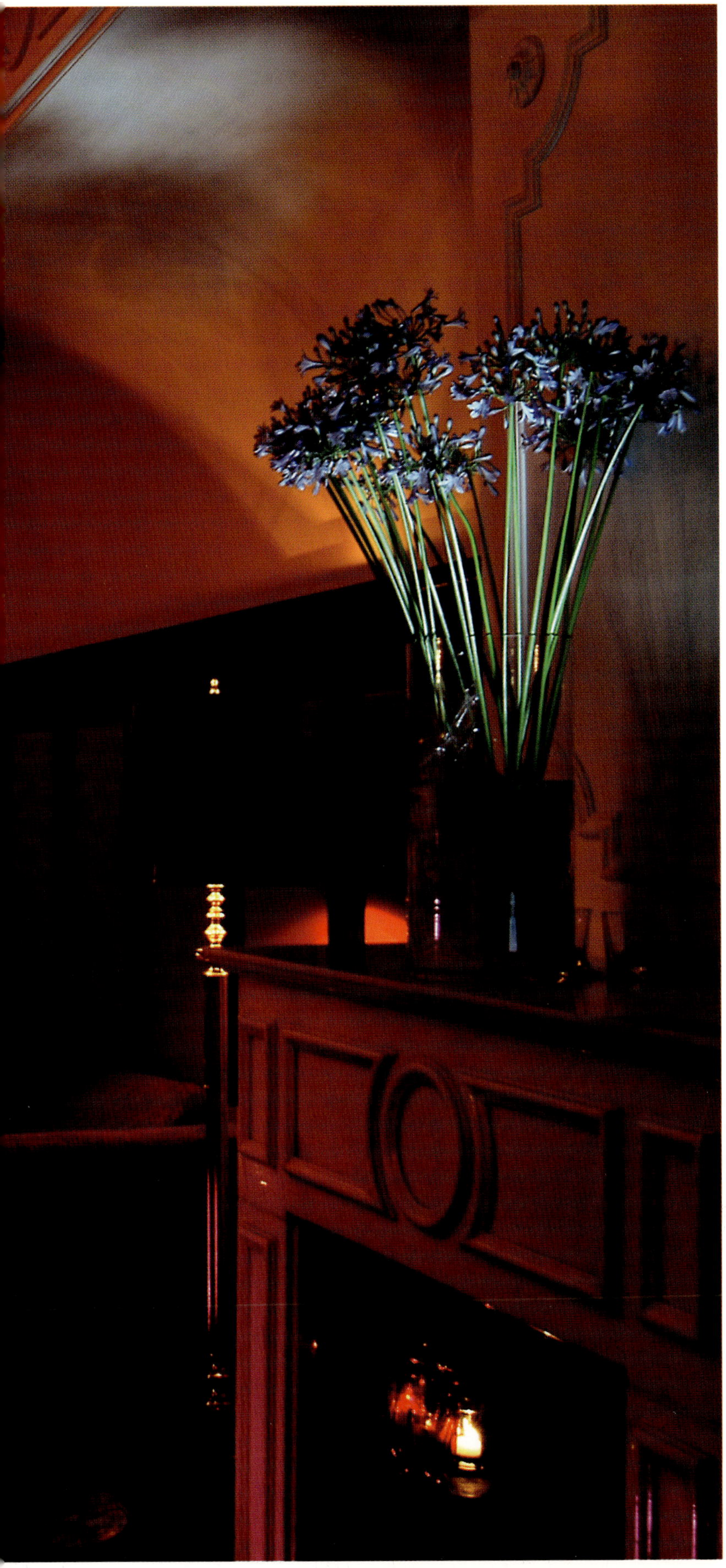

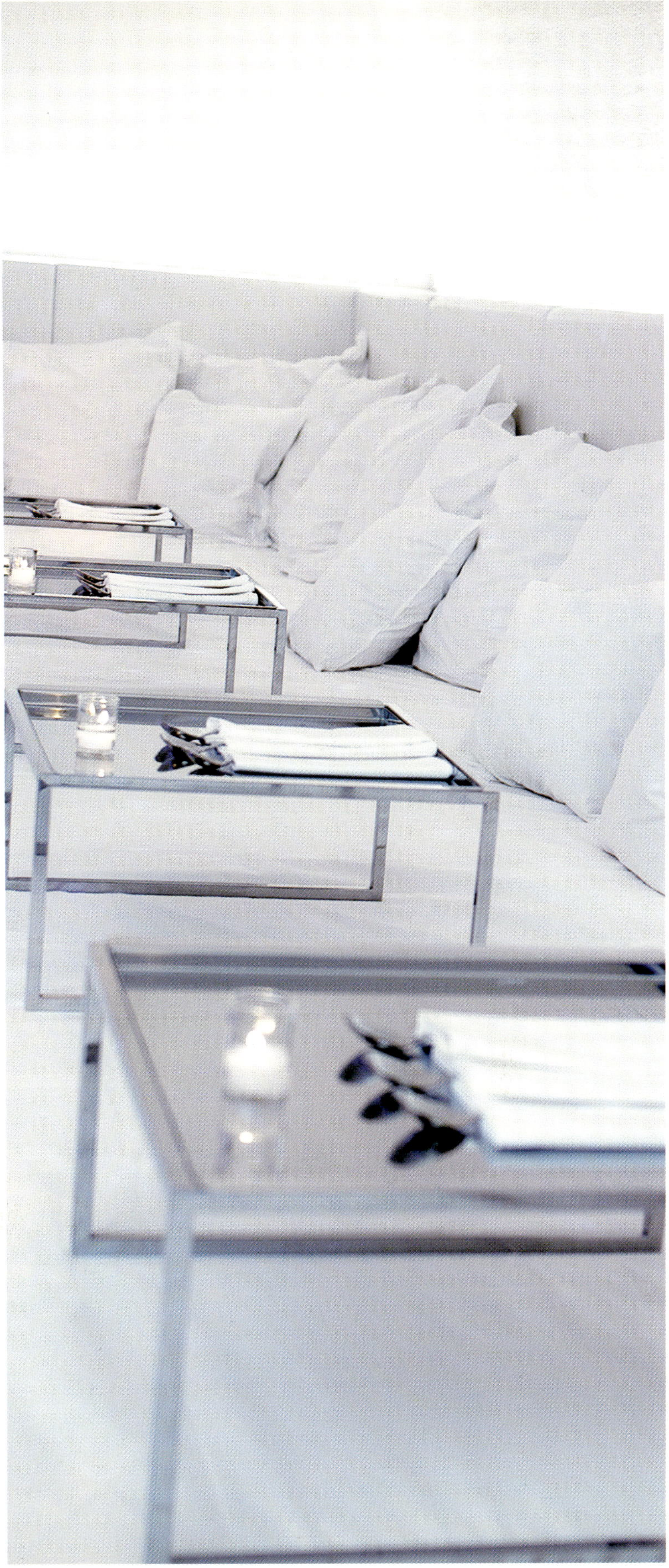

Dorsia

Diseño: ICRAVE DESIGN
Fotógrafo: © Greg Neumaier
Localización: Nueva York, Estados Unidos

El eco de la voz de Sherezade resuena entre las paredes de estas habitaciones impregnadas de intimidad y sensualidad, reservadas a las exquisiteces de los sultanes de Occidente.

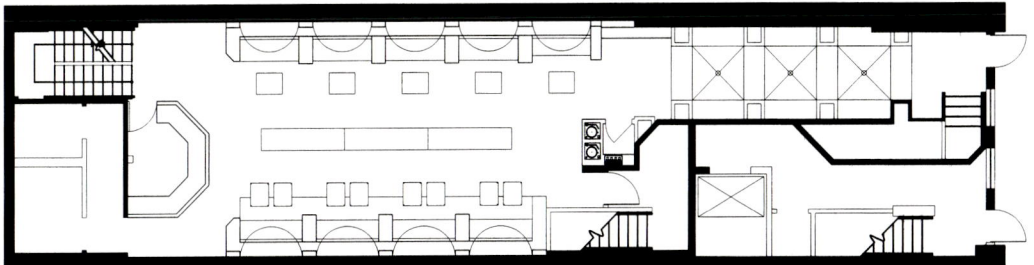

Planta baja

Andy Wahloo

Diseño: BRUNO CARON/HASSAN HAJJAJ
Fotógrafo: © Daniel Nicolas/© Omnia
Localización: París, Francia

Una iconografía y una caligrafía árabes dibujadas con unos trazos que nacen del Pop Art ilustran los objetos cotidianos que caracterizan este bar de tapas.

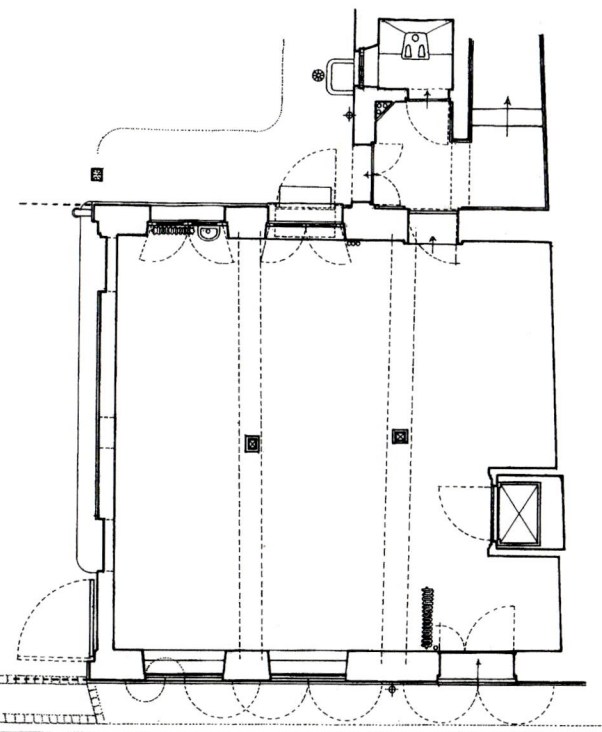

Planta baja

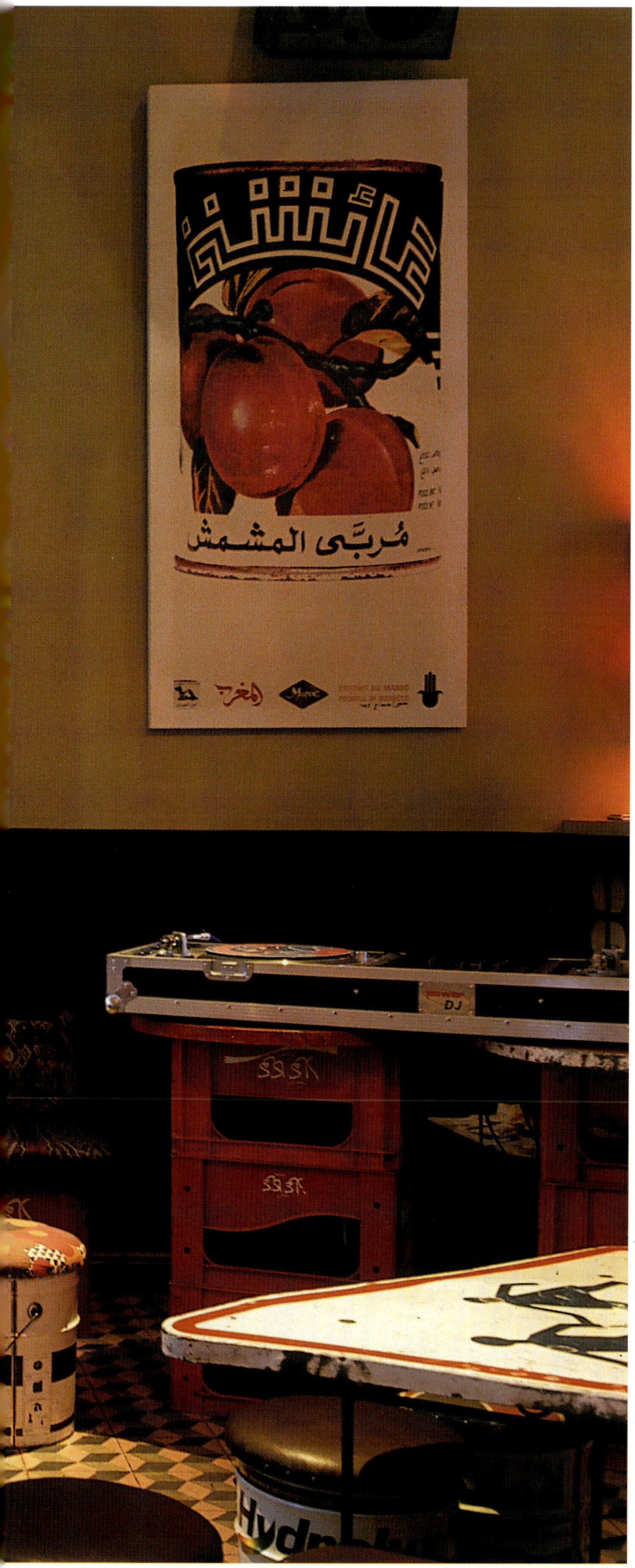
مُربّى المشمش
DJ

CREDIT-EQDOM

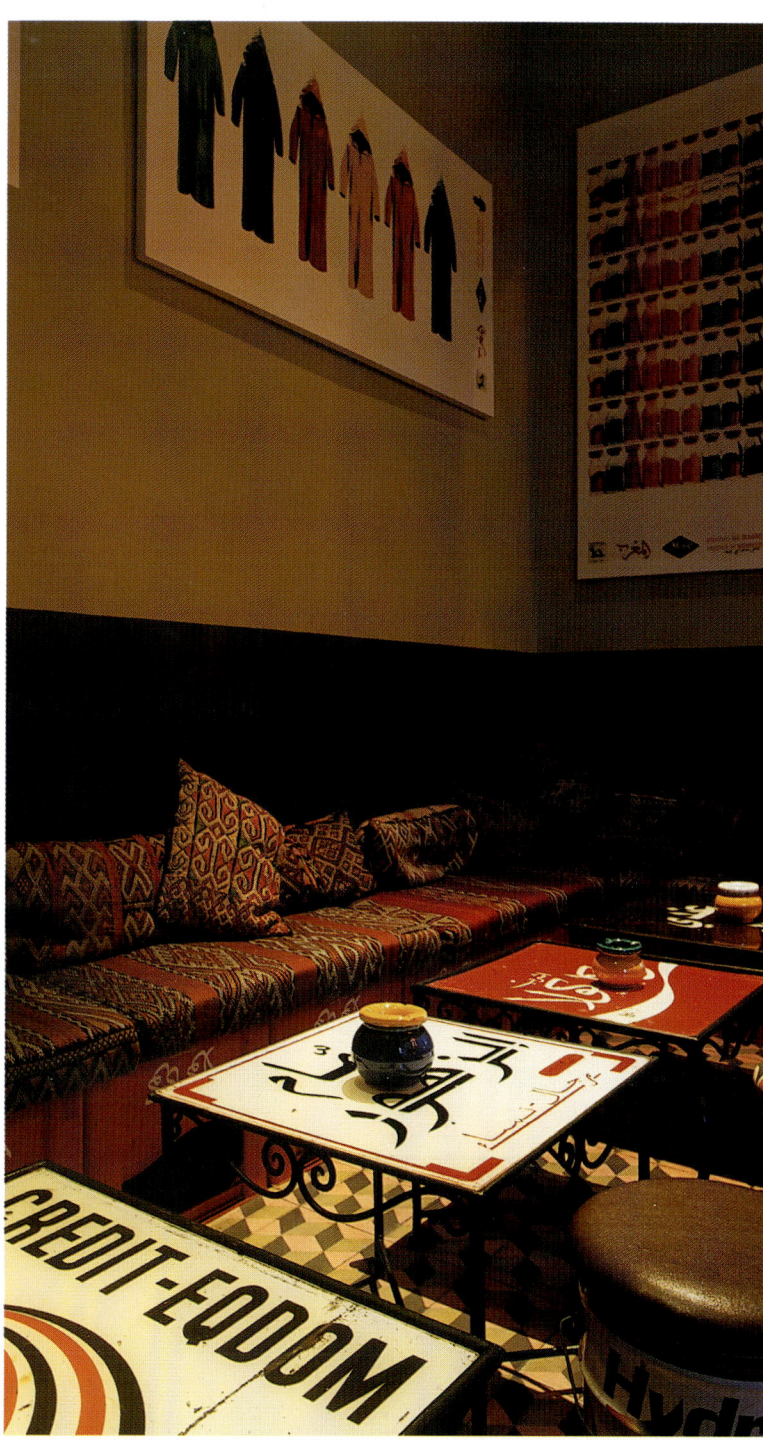

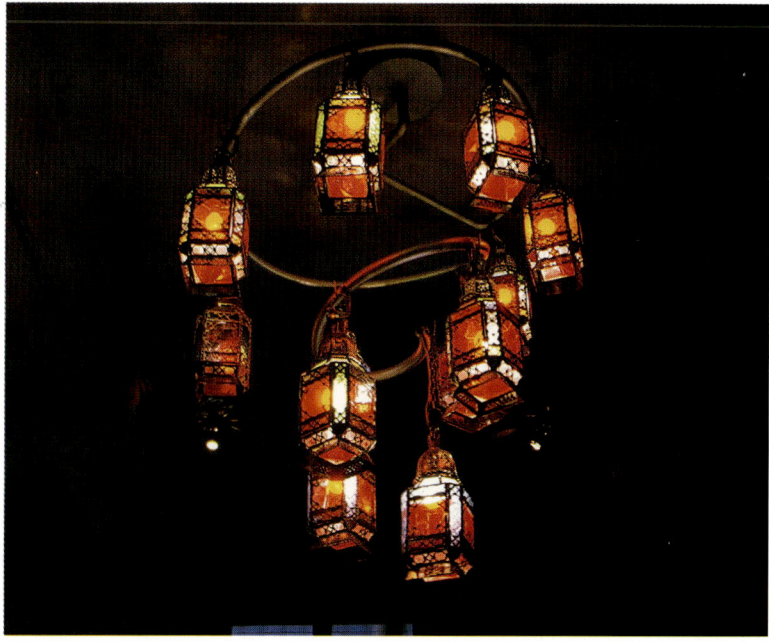

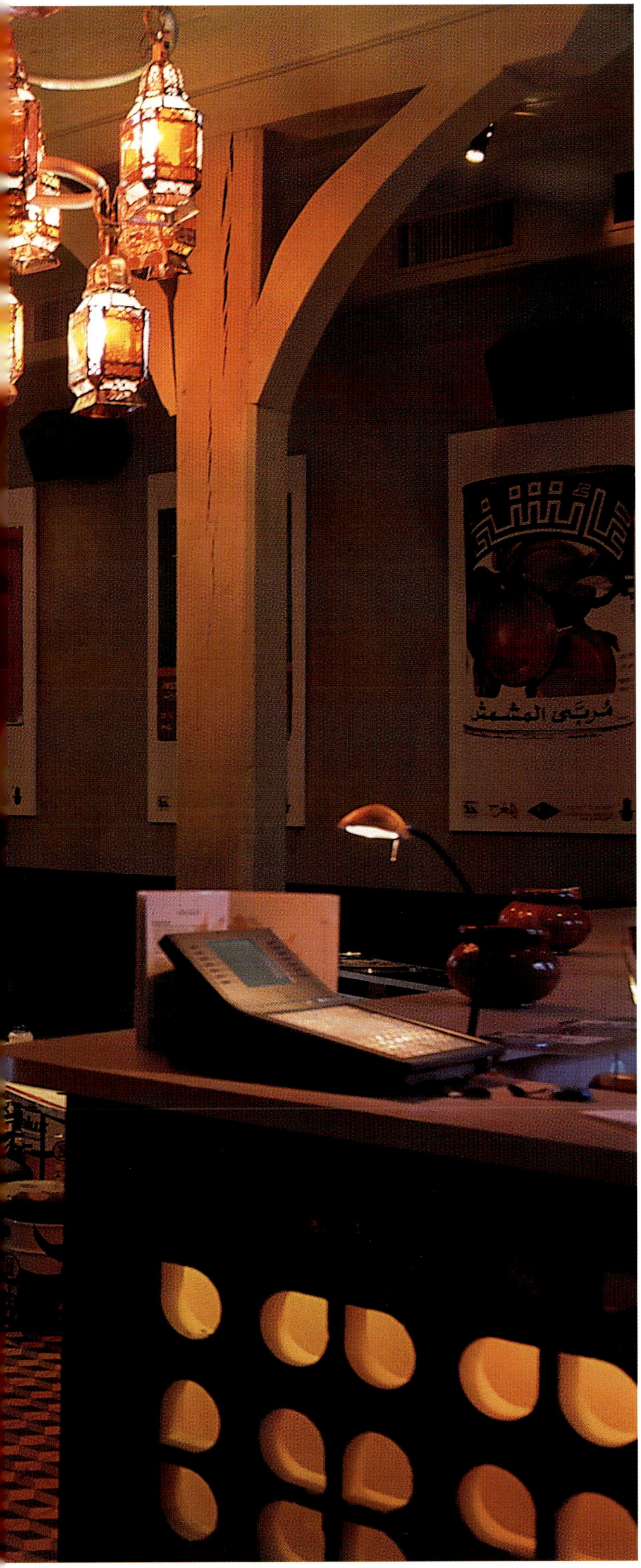
مربى المشمش

ARMACIE DE FRANCE

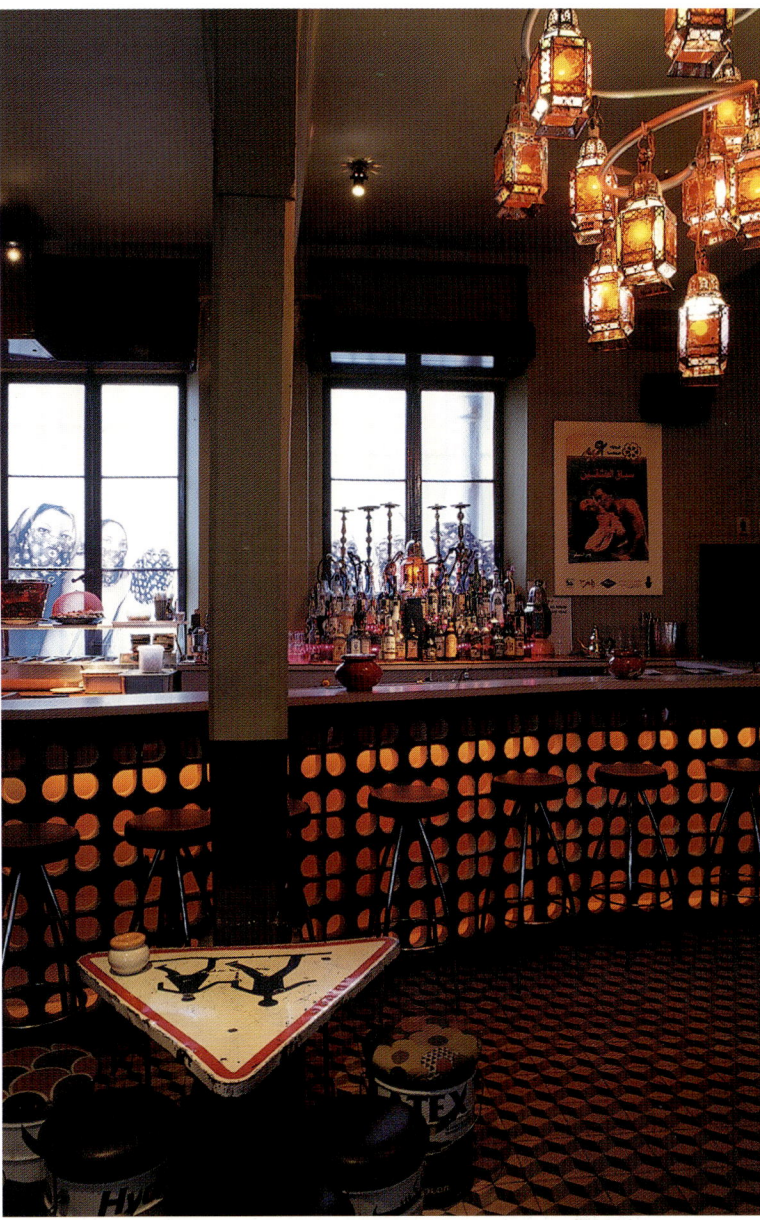

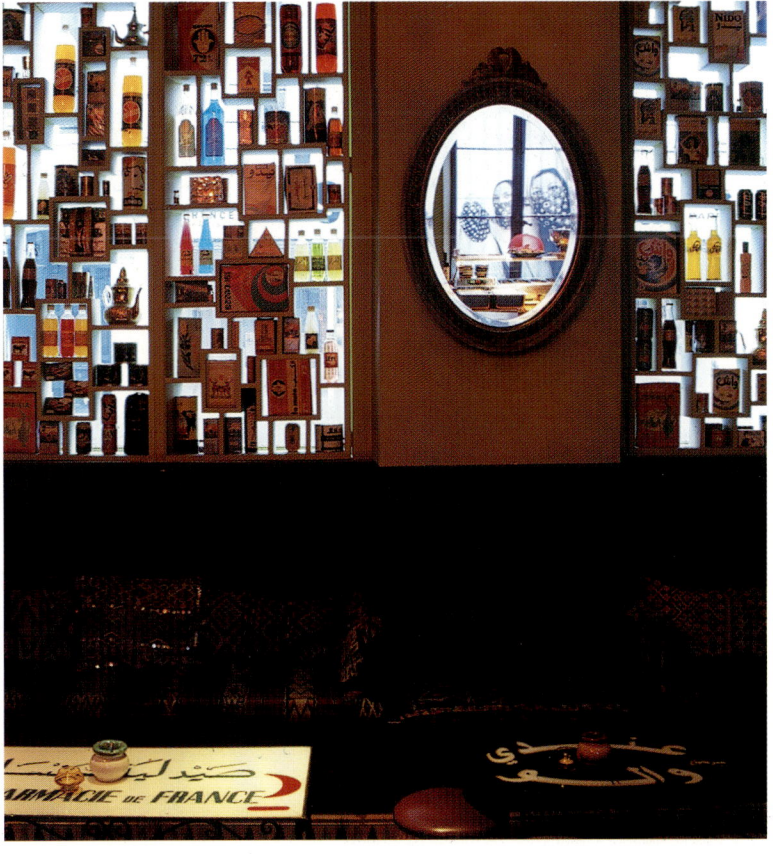

Bar S:Pic

Diseño: RAFAEL TAMBORERO
Fotógrafo: © Pep Escoda
Localización: Barcelona, España

Dos áreas bien diferenciadas, com-
puestas por un bar y un restaurante,
concentran este espacio translúcido y
apacible.

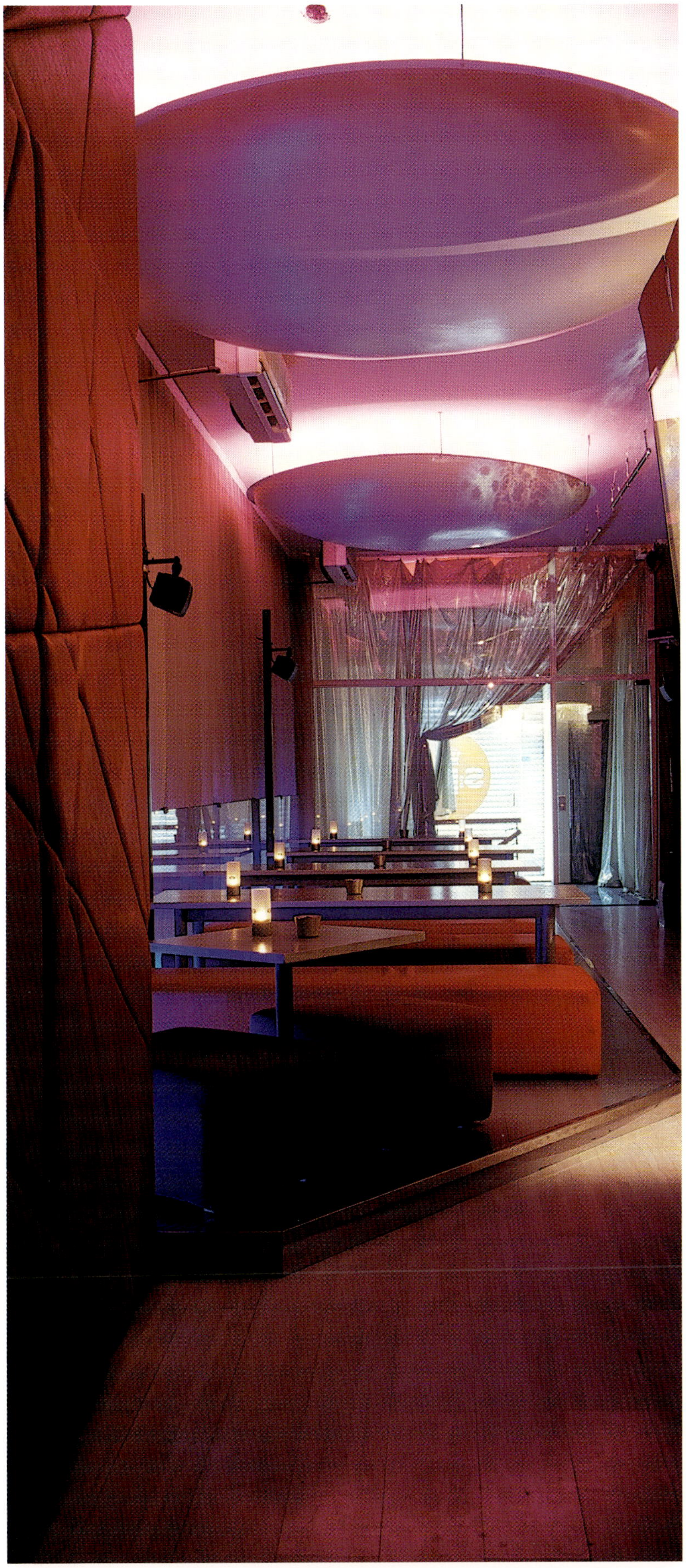

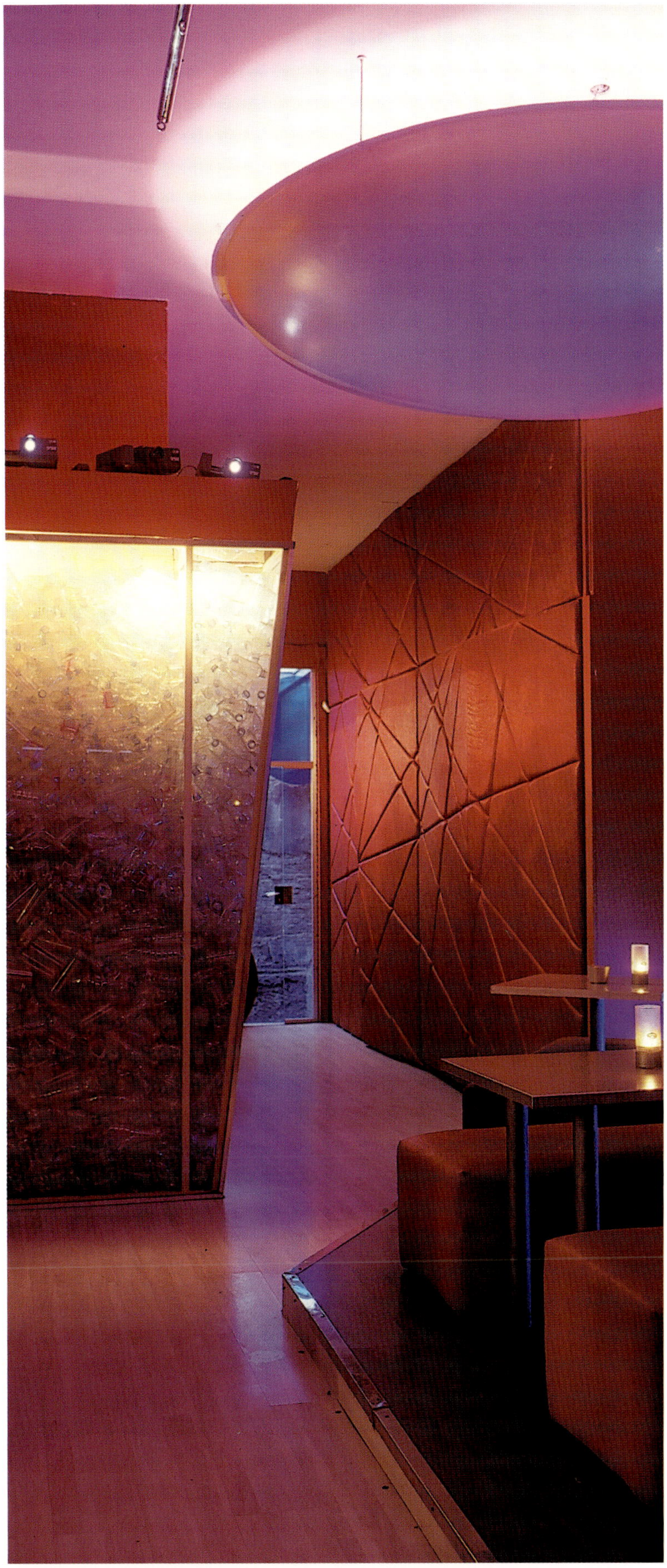

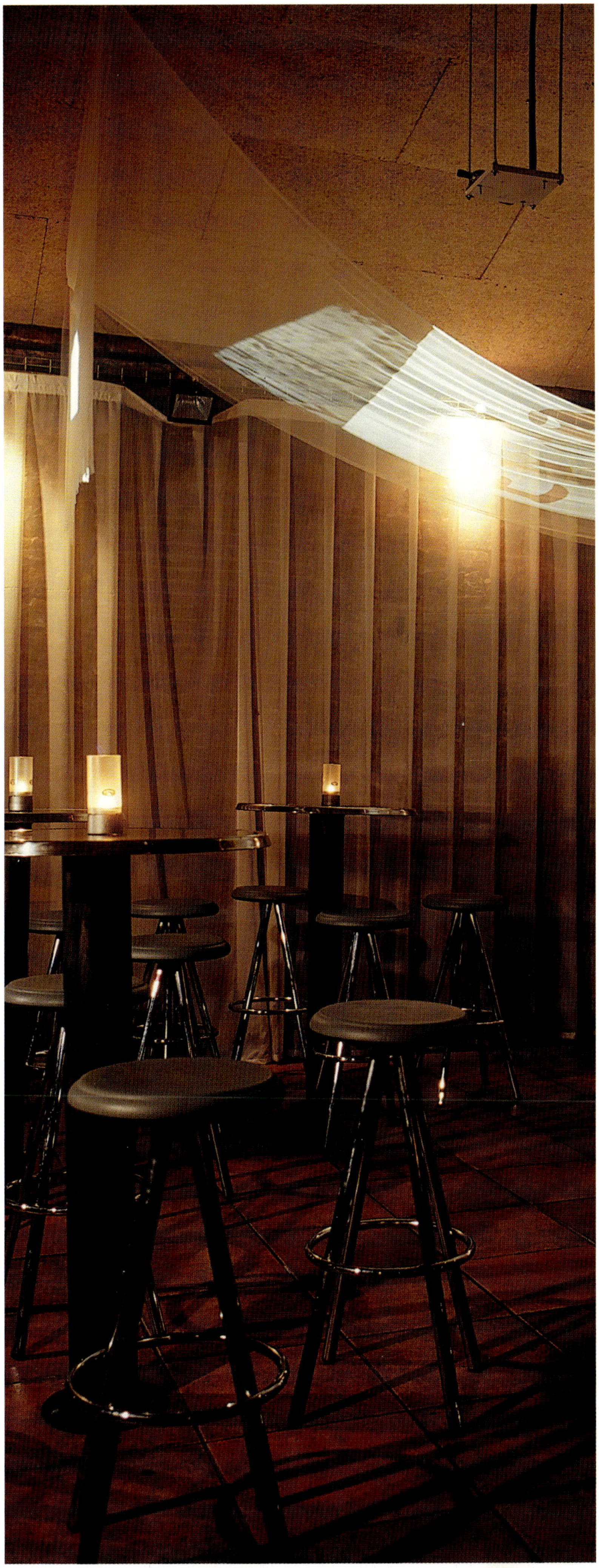

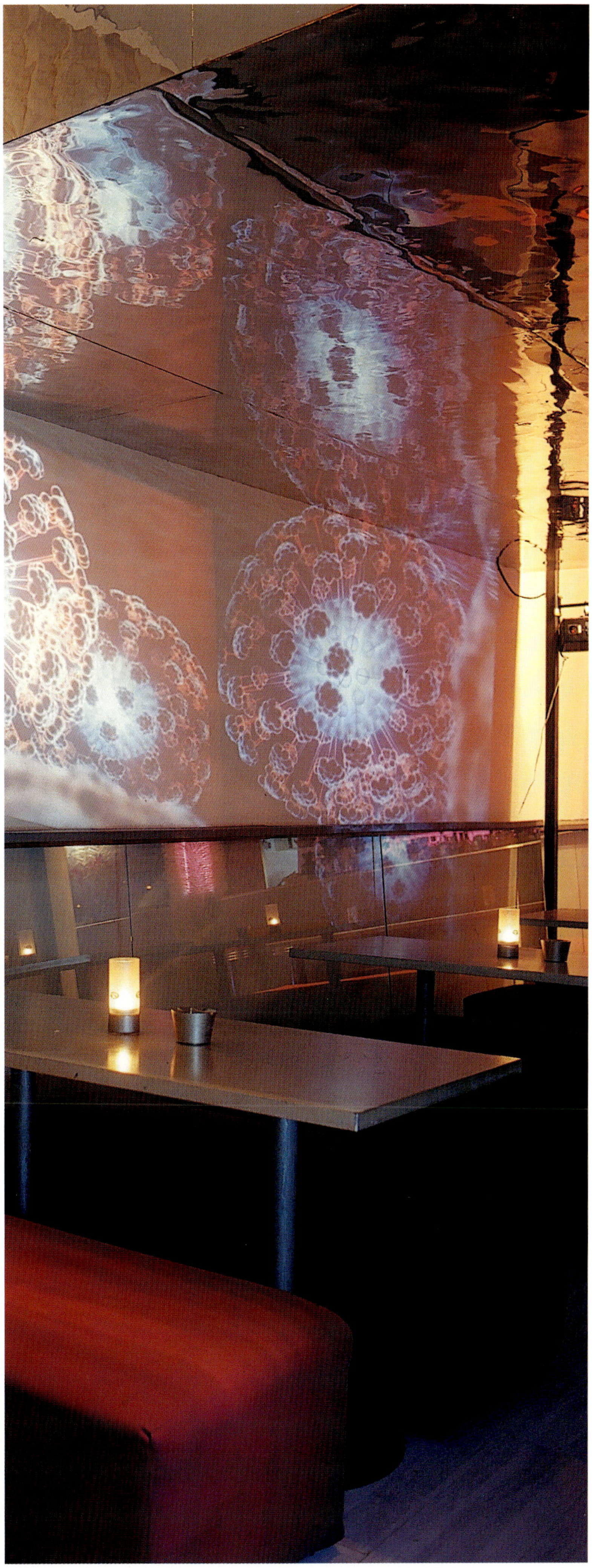

Shôko

Diseño: FUTUR-2
Fotógrafo: © Bruno Amaral
Localización: Barcelona, España

Símbolos orientales cobran un nuevo significado, redefinido por el contacto con Occidente. Así, la permanente figura de la sombrilla china se rompe para convertirse en foco de luz.

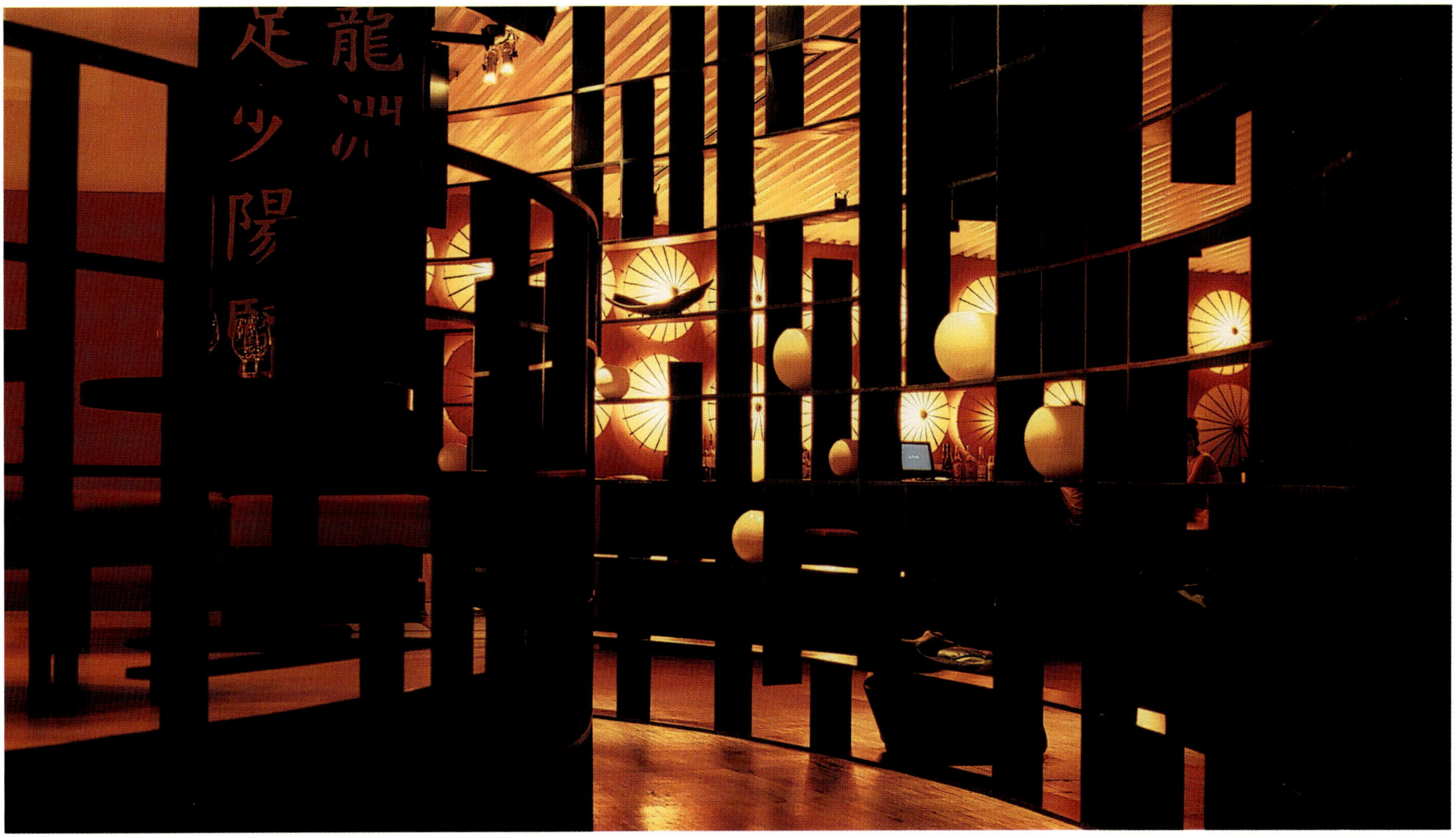
龍洲
足少陽

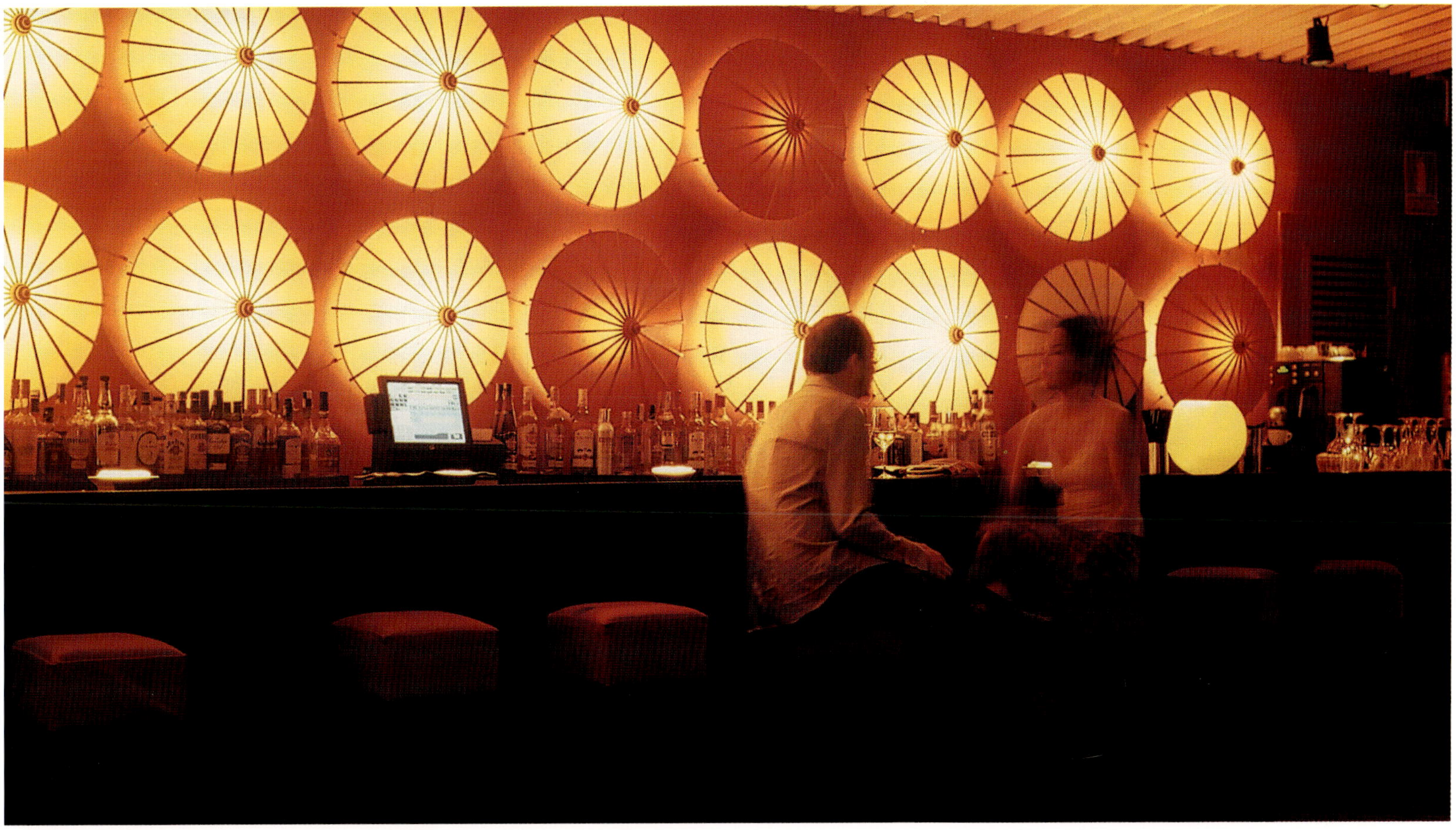

Kong

Diseño: PHILIPPE STARCK
Fotógrafo: © Pep Escoda/© Patricia Bailer
Localización: París, Francia

Oriente y Occidente se fusionan en el edificio Kenzo, en un rostro nacido del mestizaje de culturas diferentes, con una mirada ambigua que niega una única procedencia.

Kokushi

Diseño: ARTHUR DE MATTOS CASAS
Fotógrafo: © Tuca Reinés
Localización: São Paulo, Brasil

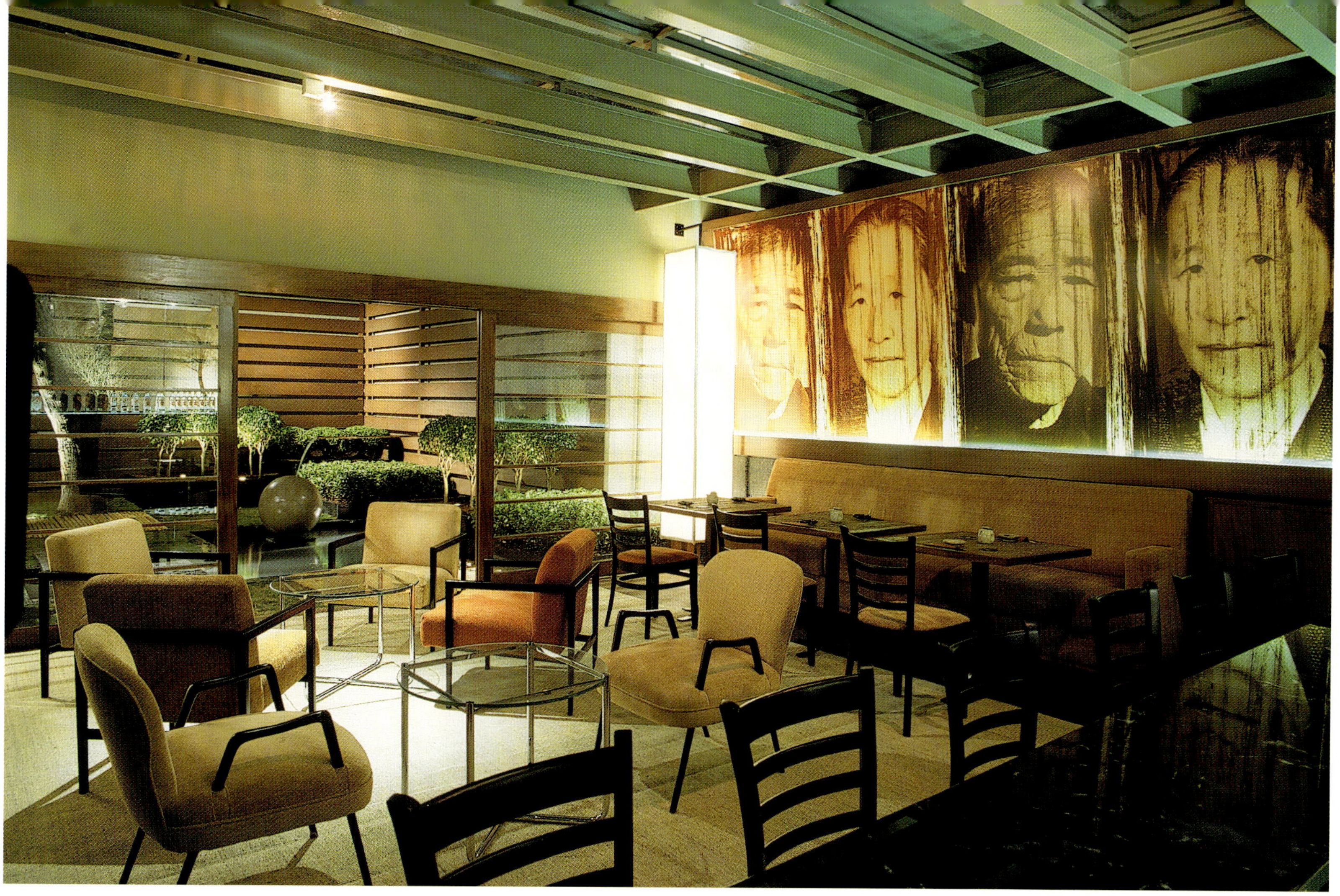

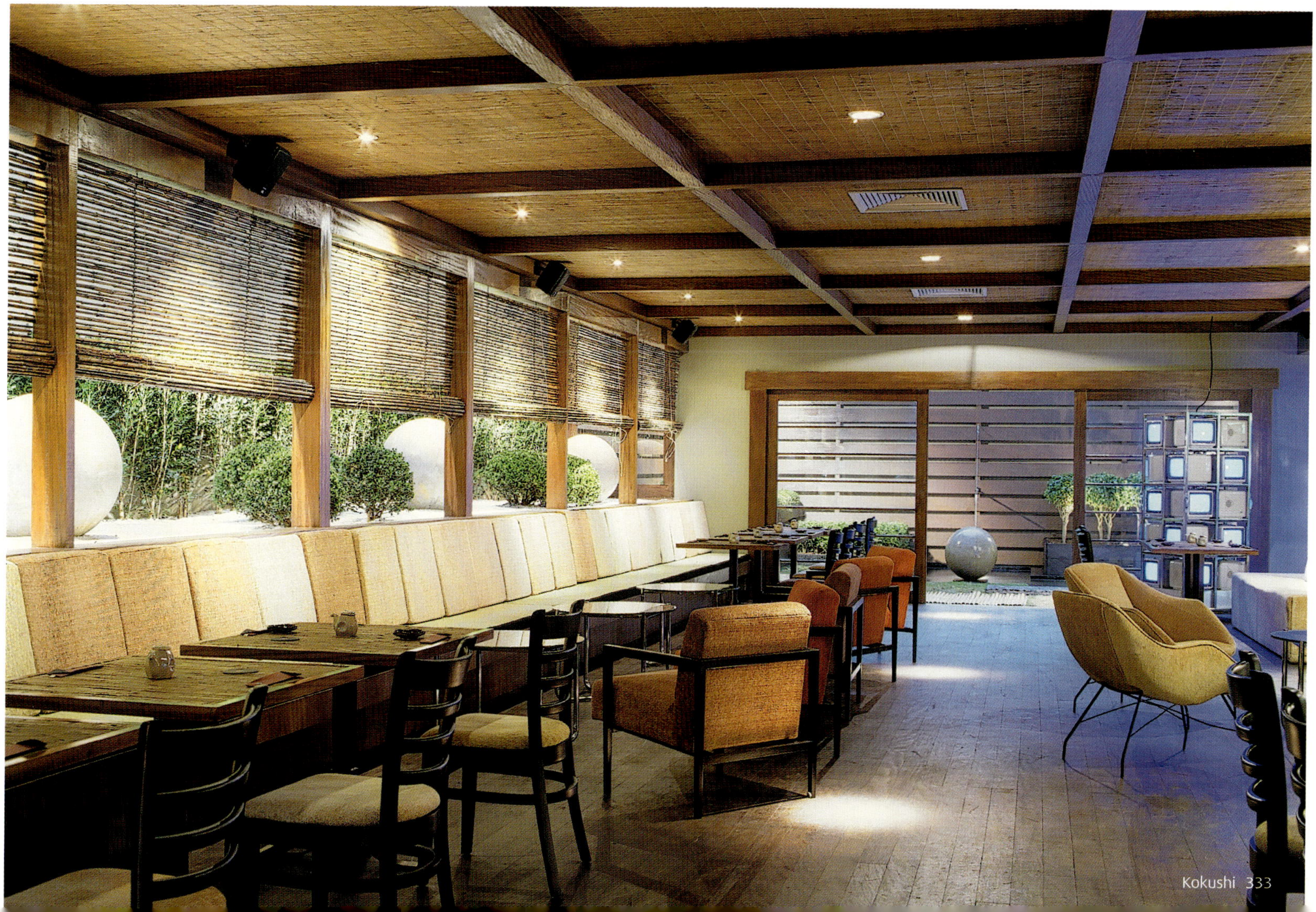

La cultura brasileña se mezcla con la japonesa para definir un espacio intercultural que muestra un menú exótico, letras moldeadas con caligrafía, rostros desconocidos y rastros de naturaleza.

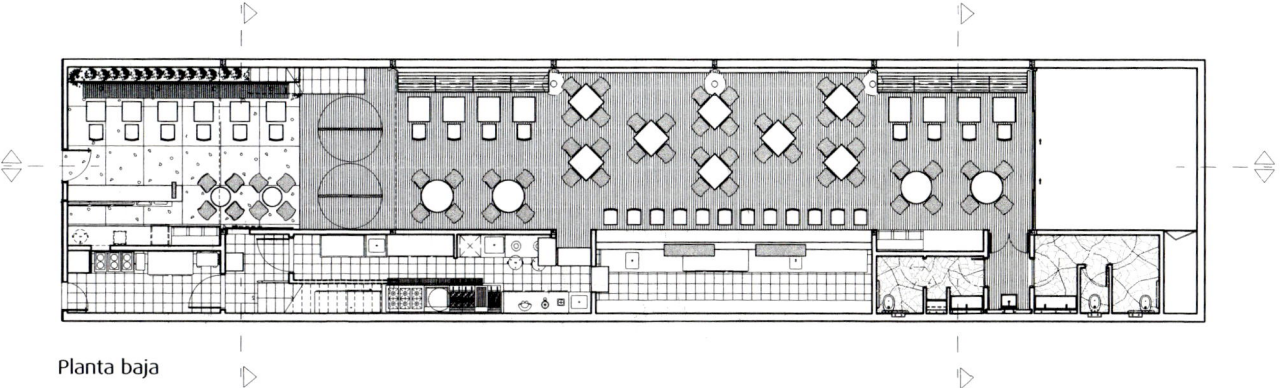

Planta baja

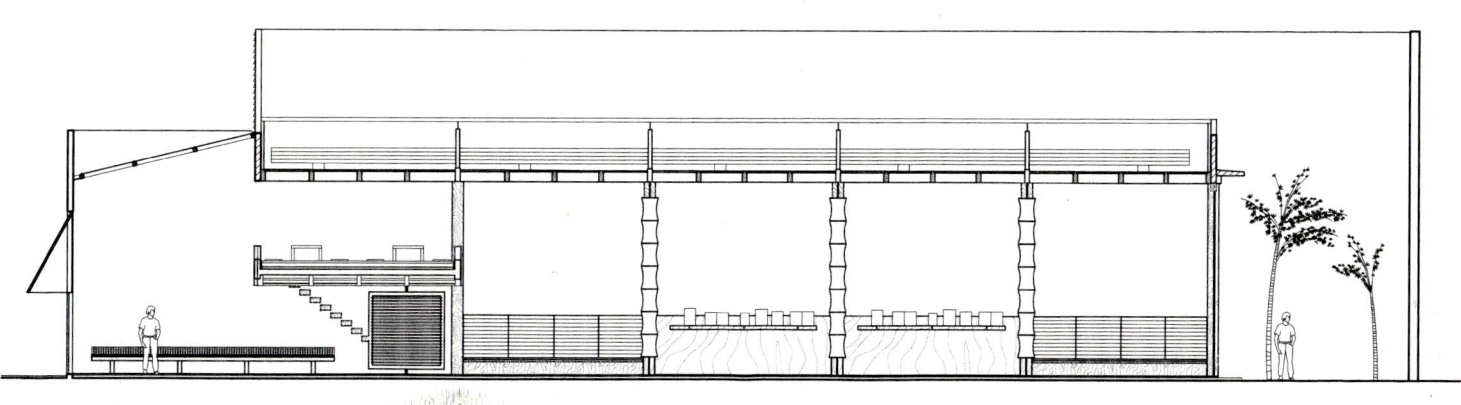

Sección longitudinal

Sambal Café

Diseño: TONY CHI
Fotógrafo: © Pep Escoda
Localización: Miami, Estados Unidos

El Hotel Mandarín Oriental recoge la exquisitez de este bar restaurante condimentado con la especia denominada sambal, muy utilizada en los platos de Indonesia, Malasia e India meridional.

Pop Burger

Diseño: ALI TAYAR
Fotógrafo: © Joshua McHugh
Localización: Nueva York, Estados Unidos

creamy shakes, sizzlin
hot burgers, cool and fro

creamy shakes
mouth watering
pop, hot burgers
warm buns, creamy
firm fries, sizzling
cool and frosty soda,

sizzling steaks, firm
creamy shakes, luscious
frosty soda, hot burgers
pop, cool and frosty soda
warm buns, pop, firm fries,
luscious mouth watering warm buns
firm fries, creamy shakes, hot burgers

Un menú de comida rápida despliega
sus platos en este lounge compuesto
de objetos idénticos que se repiten,
como los altavoces que emiten los
sonidos constantes e impasibles de la
música de ambiente.

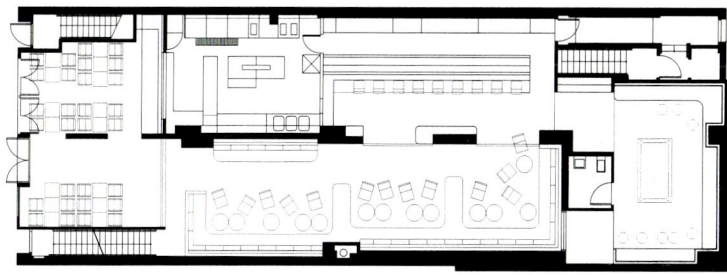

Planta baja

Weninger

Diseñador: PROPELLER Z/RAIMUND DICKINGER
Fotógrafo: © Pez Hejduk
Localización: Horitschon, Austria

La estructura y el diseño de este espacio responden a las condiciones requeridas por la conservación del vino, anfitrión de esta vieja bodega remodelada, que acoge, además, un bar y una tienda.

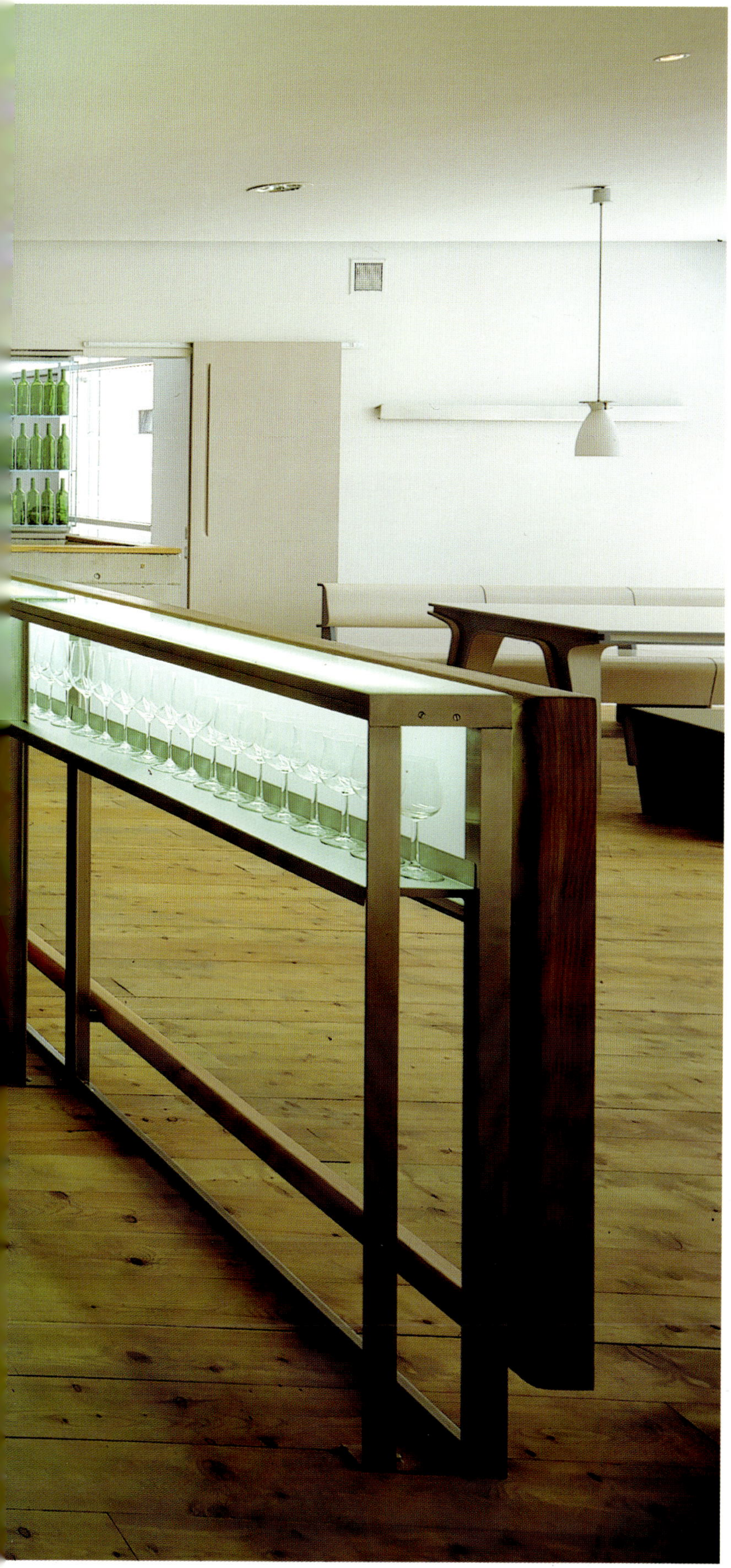

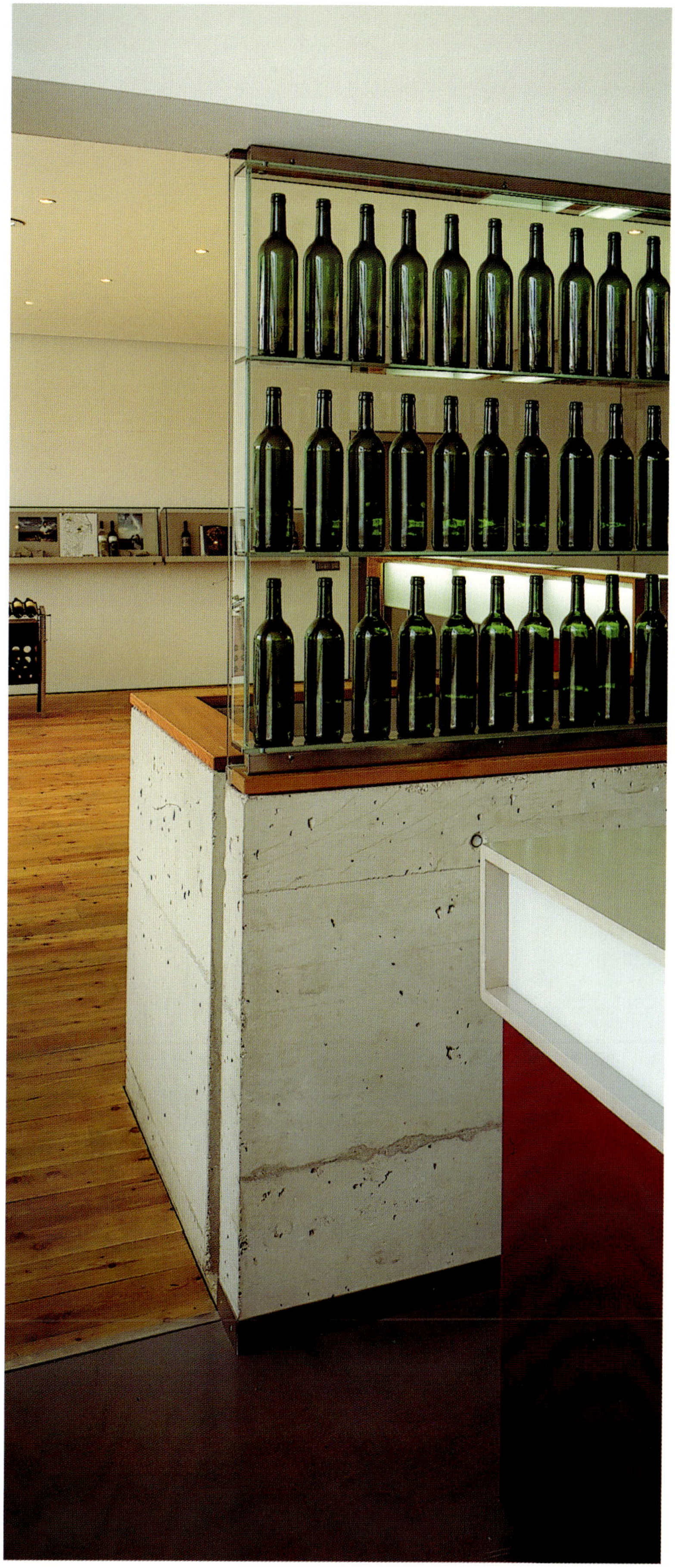

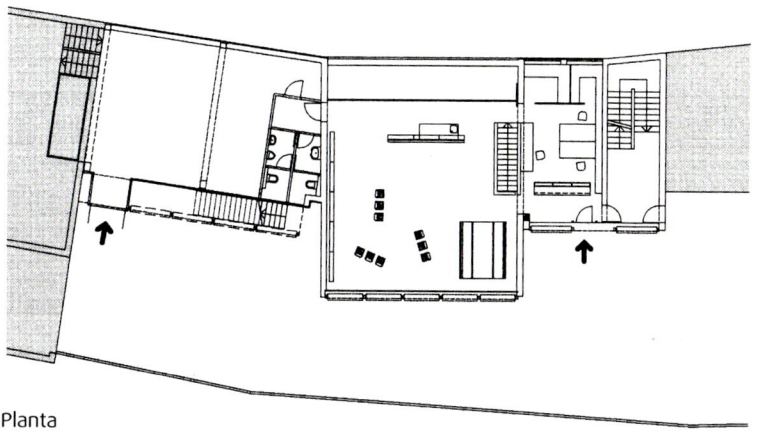

Planta